怪談聖

おどろかいわ

糸柳寿昭

竹書房怪談文庫

目次

会話できるならわかりあえる——そんなこと、まだ信じているんですか？

「ありますね」

「心霊体験ってことですよね？　ないです、そんなの。あるワケない。夢の話ならありますよ。ただの夢です。仏間で数年前に他界した祖父の唸り声が聞こえるんです。夢ですよ、もちろん。生前、祖父は病気で苦しそうな声をあげていたんです。耳に焼きついちゃってるんですよ、きっと。でも最近、その夢見なくなったなあ。父も母も最近は聞こえないって言ってましたから。そんな夢の話くらいしかありませんよ」

「映ってるのでは」

「ウチの犬は視えますね。いきなり壁のほうに吠えることがありますもん。きっと、なにか視えてるんです。何年か前、家に遊びにきた彼女もマジな顔をして『この子なんか視えてるよ』って言ってました。いつも同じ壁ですよ、吠えるときは。ええ。その壁の反対側には窓があるんですけど、前の住人が飛び降りたのはその窓です。壁には、なんのいわれもないです。ええ。ただ鏡が掛けられているだけなんで。ええ」

「是非どうぞ」

「厄年なんですよ。やたら運が悪くて。祖父は亡くなるし、祖母は入院するし、父親はリストラされるし、母親は車に轢かれるし、兄は酔って階段から落ちるし、弟は自殺するし。まだ三月なのにこんな調子ですよ。あ、この顔ですか？　この前、彼氏に殴られて……いままでそんな人じゃなかったんですけど、最近なぜか荒れてて。去年は良かったんですけどね。実家のリフォームして、ずっと放置していた井戸も埋めて、さっぱりしたんですけど。お祓いみたいなの、したほうがいいですかね？」

「白装束です」

「友人の家に泊まった夜、一階のトイレにいったら、廊下を婆ちゃんが歩いていました。こんばんはって挨拶しても、なんの反応もありませんでしたね。よたよた歩いてたから心配になって。部屋にもどってオマエの婆ちゃん大丈夫か？　って友人に聞いたら、婆ちゃんは一緒に住んでないって青ざめてました。でも、本当にいたんです。髪の毛がぼさぼさの、白い寝間着の婆ちゃん。あれ？　寝間着？　寝間着だったのかな、なんか着物みたいな。うん、寝間着だと思います」

「みぎ、みぎ」

「寝てたらですね……H子、H子、みぎ、みぎ。そんな声が突然聞こえてきたんです。H子というのは私の名前なんですが——反射的に、言われた方向、右を向きました。自分のすぐ横に、大きな顔がありました。目がよどんでいる、男の人の顔です。怖くて震えあがって、そのまま目をつぶって、気がついたら朝です。

些細な体験かもしれません。でも本当に怖かったんです。

会社にいって昨夜のことを同僚たちに話すと『お盆だからね』と言われました。

その瞬間、あッて思いだしたんです。私、去年もあの顔の人と会っていたんです。

去年は寝ているとき、部屋に入ってきて全身が確認できました。部屋は真っ暗でしたが暗闇よりも暗い、真っ暗な男の人。

なぜ忘れてたんだろう、去年もあんなに怖かったのに……と不思議になりました。

でも、あの声。みぎ、みぎって教えてくれた、あの声……父方の親せきの声に思えるんです。あんなに短い言葉なのに。なぜなのかは自分でもわかりません。それだけです。こんな体験ならあります」

「カミナリ怖いの」

「むかしいた職場で聞いた話でもいい？

同僚がね、カミナリが嫌いだったの。天気が悪いとビクビクしちゃってさ。雨が降ってくると、もう仕事が手につかない。光るでしょ？　カミナリって。ピカッて明るくなって、どどんって音がすると悲鳴をあげて机の下に隠れちゃう。女性だから可愛らしいっちゃ可愛らしいんだけど、もう二十八歳なのに、ちょっとヘンよね。

どうしてカミナリがそんなに嫌いか聞いたのね。すると、こんな話を始めたの。

彼女が高校生のころ、自室でくつろいでたらカミナリが近くに落ちたみたい。

ほら、カミナリって近くに落ちると、光と音の秒数の差が短いでしょ。

ホントに近かったみたいで、光ったと同時に凄い音がして。彼女、ビクって体を硬直させて――そのまま動かなくなった。金縛りになったの。当の本人はなにが起こったのか、まだわかってなかったと思うんだけど、声が聞こえてきたのね。

墓をもどせ。墓をもどせ。墓をもどせ。

それ、亡くなった叔父さんの声だったらしいわ。叔父さん亡くなる前、自分が信仰してる宗教の事情で、家の墓に入りたくないって言ってたの。世間体もあったのか、まわりはそれを聞かずに、叔父さんを一族の墓に入れてしまった。

でも、なぜ私のところに？　カミナリが落ちたこのタイミングで？

同僚はそんなことを思いながら怖がってたみたい。金縛りと叔父さんの声は数分か数十分か、わからないけど妙に長く感じたらしいよ。そのうちに声が聞こえなくなり体の自由がもどった同僚は、すぐに一階のリビングに走ったの。そしてそこにいた祖母と母親にいまあった出来事を話した。ふたりともそういったものを信じているタイプだったので、すぐにお祓いをしようという話になった。もちろん後日だと思うけど。

お祓いはお経を唱えながら太鼓を叩く、儀式みたいなものだったらしいよ。最初は滞りなく進んでいたけど、そのうち太鼓の反響音に紛れて声が始まった。

墓をもどせ。墓をもどせ。墓をもどせ。

見守っていた祖母も母親も驚いたみたい。声はずっと続いてクライマックスのとき大きく太鼓を叩いたら、叔父さんの絶叫が響いたらしいわ。まさに断末魔。

その後、叔父さんの要望通り、家の墓から叔父さんの遺骨は移動して希望通りの場所に納められたみたい。それ以来、もう変な現象が起こることはなくなった。

でも、いまでもカミナリが鳴ると思いだしちゃうみたい。トラウマね、きっと」

「心霊写真を見る」

「ヒマだったんでインストールしたんです。心霊写真を見ることができるアプリ。ロングソファに足伸ばして座って。膝に飼っているチワワちゃんをのせて。結構数があって、たくさん見ることができるので次々と進めていました。

怖めのものもあるのですが、たいていは作り物丸出しで。

それでも、これは本物っぽいな、みたいなのが、ときどきでてくるので面白くて。つい夢中になってしまうんです。これは怖いなと思うやつを発見したらスクショして、仕事中の旦那にLINEで送りつけていました。全部で三枚くらい送りつけましたかね。旦那はそういうの見ても、ふッと鼻で笑うタイプなんでビクともしませんが。

ロングソファは窓際にあるのに、スマホの画面ばかり見てたので気がつかなかったんですが、いつの間にか陽も落ちていて。私、スマホの明かりだけで暗い部屋にいました。

あ、そろそろ夕食の準備しなきゃな、そう思ったときです。

　寝ていたチワワちゃんが耳を動かして頭を上げました。そして膝から飛び降りるとフロアを歩いてダイニングキッチンにいくのかと思いきや、そこで止まりました。ちょうど敷居にあたるところで、部屋の外を睨みつけながら唸っているんです。普段温厚な子なのに、なぜか苛立っているんです。私が、どうしたの？　と聞いても振り返りもせず、怒気を込めた声で大きな鳴き声をだしました。なにか普通じゃない感じがして、私はすぐに立ちあがり家中の電気とテレビをつけました。

　犬にはなにか視えていたのでしょうか。アプリを見たくらいで、なにかを呼び寄せるなんてことあるんでしょうか。これが私の数少ない体験談です」

「心霊写真が届く」

「営業先から営業所にもどり、デスクで報告書を作っていました。

大体の作業が済んで、そろそろ帰ろうかと思いスマホを見ると、妻からＬＩＮＥが届いています。開くと写真が三枚貼られていて、そのどれもが心霊写真です。

そういうオカルトめいたものが好きなタイプの妻のことですから、おそらくアプリかなにかを見てスクショしたやつを送ってきたのでしょう。彼女と違って、私はそういったものに興味がないので、ふッと鼻で笑ってすぐに閉じました。

用を足して喫煙所で一服してから帰ろうと立ちあがります。

トイレの前にある喫煙所には先輩がいて、煙草に火をつけたところでした。先輩に挨拶をしてトイレに入って用を足していると、誰かが自分のすぐうしろを通っていきました。ばたん、と奥の個室のドアが閉まったのですが、なにか妙な感じがしました。手を洗いながら、なにが妙なのか考えてみる。すぐにわかりました。いま営業所には私と先輩しかいないんです。でも、間違いなく誰かが私のうしろを通っていった。

思わず『誰かいるんですか？』と言いながら個室のほうへ歩く。いちばん奥のドアが少しだけ開いていましたが誰もいません。寒気がしてトイレからでると、喫煙所には先輩がいました。一応尋ねましたが私以外、誰もトイレには入っていないとのことでした。

一体なんなのか。原因を考えましたが唯一、思いつくのが妻からのＬＩＮＥです。スクショした心霊写真を見たくらいで、なにかを呼び寄せるなんてことあるのでしょうか。これが私の初めての奇妙な体験です。多分、妻のせいですが」

「ファザコンの由来」

「あのさ、遊びに来てくれてるところ悪いんだけど、いまから息子が来るんだよ。いや、別に帰らなくてもいいけど。彼女がいることは元嫁も息子も知ってるし。親が言うのもなんだけど、なんていうか……ちょっと変わったやつなんだよね。だから粗相あっても大目に見て欲しくて。会えばわかる。なんか、変わってる」

「初めまして。親父がいつもお世話になっています。息子です。もう！　親父。受けとってくれないから、もどってきたじゃないか。ちゃんと受けとってくれよ、荷物くらい。これ、オレの彼女の実家から送られてきた野菜と果物だよ。傷んじゃったら台無しだろ。こういう食材があったら、ちゃんと自分で自炊して栄養とれるんだからさ、もういい大人だろ。まったく。

ああ！　また台所掃除してないだろ。ああいうシンクって雑菌が溜まりやすいから、危ないんだよ。この前オレが掃除してあげたのに！　またあんなに汚して。今日は彼女さんがいるから、また今度掃除しに来てやるよ。ホントに世話が焼けるんだから。

すみません、今日はこれで失礼します。父のことよろしくお願いしますね。また今度、食事でもいきましょうよ。オレの彼女とWデートで。それじゃあ、また！」


「な。なんか変わってたろ。なんでかわからないけど、あんな感じ。

いや、ゲイじゃない。オレもそう思ったことあったけど、ホントに違うみたい。オレにだけああなの。むかしから、ずっとずっーと、ああなの。子どものときから。

うん、マジ、マジ。元嫁も他の兄弟……あ、あいつ長男なんだけど、他の兄弟たちも近所の人たちも不思議がってるの。なんかヘンだぞ、って。

小さいころ？　さっきのままだよ。ほら、子どもって二、三歳から人によっては小学生くらいまで、寝るときとか男の子でも親がキスとかするだろ。あいつね、違ったの。もうね、二、三歳のころから、オレを寝かしつけようとしてくるの。小学校入る前には、オレに絵本を読みだしてたもん。だから字とか覚えるの早かったよ。

ほら、フォークとスプーンが合体したみたいな食器あるだろ。あれ渡した瞬間からオレにご飯食べさせようとするの。自分はまだオムツのクセに、シャツ着るときとか、オレのボタン閉めようとしてた。元嫁がしてたからマネするならわかるんだけど、そういうのでもなく、どこでこんなの覚えたんだろ？　ってみんな不思議がってた。

車の乗ることができる玩具とか、ゴムでできた木馬みたいなやつ。ああいうの買って家に帰ったら、まず自分じゃなくてオレを乗せようとするの。壊れるっちゅうの。

幼稚園のとき、みーんなアンパンのヒーローの絵描いてたのに、あいつだけアンパンじゃなくてオレ。月に代わってお仕置きする女の子アニメも顔だけオレ。

いちばん印象深かったのは、元嫁があいつに『誕生日になにが欲しい？』って聞いたとき。四歳だよ、そのころ。あいつ玩具じゃなくて、みちんって答えたらしいんだよ。みちんってなに？　って聞いたら、椅子に座って、くいくい足動かすんだ。なにそれ？　って何度も聞いてわかったのは、みちんって服を縫うミシンのことなんだ。なんでそんな道具のこと知ってるんだって感じだったんだけど。

『ミシンなんか買ってきて、一体なにに使うの？』

元嫁が聞いたら、なんて答えたと思う？

『着物ちょきちょきして、パパのズボンつくる』

そんなこと言ったんだよ、あいつ。じゃあ、オレのズボン買ってくれって頼んだほうが早いよね。そもそもなんで着物なの？　着物ちょきちょきの意味わかんないよ。

小学校まではまだわかるよ。母親より父親びいきって感じで。作文とか全部オレのことで嬉しかったもん。でも流石に高校生になって、なんか自由テーマ与えられたときに父親だすのは、いかがなものかと思った。

とにかく、やたらオレの世話をしたがるんだ。最近も金渡そうとしてきたもん。それはちょっと大人の男としてどうなんだって思ったから『困ってないからいい、自分のためか彼女に使ってやれ』って強めに言ったら、なんか怒ってるし。一緒に旅行とか、いきたがるし。なんだったら、若い子のコンパとかにオレ呼ぼうとするし。女子会ならぬ父子会開きたがるし。オレにかんしてだけ、なぜか少女みたいになるの。

そういえば、オレの胸に丸いアザみたいなの、いくつかあるだろ。うちの親も祖父母もアザなんかないけど、あいつには腹にオレと同じようなアザがあるんだよ。幼稚園くらいのとき、一緒にお風呂入ってたら、オレと自分のアザ、指さして笑うの。

「ファザコンの由来」

『あのとき痛かったねえ』

もしかしてこのアザって前世の因縁的なやつなのかな。もしそうなら、あいつはオレとどんな関係の人間だったんだろ？　ま、それはそれで、ちょっと嬉しいけど」

「とりあえず事情を」

「話せば長いんですが、どうしても聞いて欲しい――そんな気持ちでいっぱいです。

みんな帰った夜の真っ暗なビル。深夜に反応した人感センサー。けたたましく鳴り響く警報。割れた窓。全裸に近い中年男性の私。驚いた警備員のあなた。ちょっとした切り傷すら、このグリーンのライトに照らされると、なかなか怖いですよね。

状況を説明したいので、とりあえずその警棒みたいなものというか警棒、下ろしてもらえますか。ダメですか。ですよね。もし私が逆の立場ならもう殴っているかもしれません。気持ちはわかります。どう説明すればいいのか、悩みどころです。

ほら、油とか鍋で燃えたりしたとき、水をかけたらダメですよね。火のついた油が弾け飛んで、一瞬で部屋が炎に包まれる。あれ絶対にやっちゃいけないんですよね。でも混乱のあまり、絶対やったらいけないことをやってしまう。それが人間です。

ぼくね、彼女の誕生日ですら忘れちゃうタイプです。いま彼女いませんが。

考えてみれば一年ってあっという間にすぎます。光陰矢の如し、速いものです。

ああ！　ごめんなさい！　殴らないで！　ホントに怪しい者じゃないんです！　ほら、隣にマンションがあるじゃないですか！　そこの住人です！　すみません！

そうです、そこの斜め上、ベランダがあるでしょ。ガラス戸が開いてるはずです。

ありがとうございます、目視して頂いて。そうそう。警棒なんて必要ないです。

あそこから落ちたんです。マンションの造りが変におしゃれ意識して斜めなので、うまい具合にこのビルの下の階に窓から突っ込んじゃったみたいです。一階まで落ちたら大怪我するところでした。え？　なんで服を着ていないかって？　いい質問ですね。その答えは簡単、お風呂上がりだからです。昼間に洗った服を全部、干しっぱなしにしてお風呂に入っていたんです。洗濯物を取りこまず、パジャマなどを用意してから風呂に入らなかったのは私の責任ですが、あとは不可抗力なんです。泥棒に入るにしても普通、こんな下着姿で侵入を試みないでしょ？　わかってもらえますよね。

え？　一応、警察に通報する？

できれば止めて欲しいところですが、どうしてもと言うなら仕方ありませんね。

実はね、上のあの私が住んでいる部屋、４０２号室、なんと事故物件なんです。もう五年以上住んでいますが、最初のころは酷いものでしたよ。毎晩のように金縛り&ラップ音、寝れば悪夢&起きれば見下ろす影。そりゃ家賃も安いはずです。安眠とはほど遠い部屋なんですもの。当時は弱ってしまって、近くの神社に相談したら、これまた近くのお寺の住職と一緒にお祓いしてくれて。効果抜群でめちゃくちゃ減ったんですけど、神主と住職は『未練が強いから一年に一度、お水とお線香で供養を。忘れるとまた現れるかもしれません。必ずですよ』って言ってたのに翌年いきなり忘れてしまって、すごい怖いのがでたので、慌ててお水とお線香をあげたんです。ああいうのって気持ちの問題と思っていたんですが、やっぱり効くんですね。

私、さっきも言った通り、忘れん坊なんです。お祓いをしてから毎年毎年、供養をど忘れしてしまって。要するに、一年に一度、再会するんです、前の住人に。

さっき、風呂から上がって服を忘れて、ベランダにでたところ、窓に貼りついたんです、内側から怖いのが。悲鳴でもあげて目をつぶればいいのに、動揺してベランダで絶対やっちゃいけないこと、やっちゃったんです。両手あげての体のけぞり。そのまま一回転、ベランダの柵を超えて落ちて、ガラスを突き破ってこのざまです。

「とりあえず事情を」

どうです？　ちょっともう一度、見上げてみてもらえませんか？　いますか？　首をがくがく左右に振った子どもがいますか。そうですか。供養すればまた一年いなくなりますが、やっぱり警察呼んでもらえますか？
ひとりで部屋にもどるの怖すぎますから、お巡りさんについて来てもらいます」

「最期のお別れ」

「これ、あなたの好きだったお花。買ってきたよ。ここに入れておくからね。
こんなに綺麗にお化粧してもらって良かったね。まるで天使みたい。
本当、とっても綺麗――あっちで彼氏できるといいね。
わたし、また一緒に川に遊びにいきたかったな。
ほら、覚えてる？　ふたりで一緒に、何度もいったよね。
あなたモテるから、ちょっと目を離すとすぐ男の子に声かけられてた。
誰にでも、すぐ愛想良くしちゃうから。
あなたが悪いんだよ、もう。
それが欠点。
そして――最高の武器だったね。

初めて会ったときもそう。わたしがどうやって電車に乗っていいのかわからず、おろおろしてたら、あなたが声をかけてくれた。誰が見ても最高の優しい笑顔で。

わたしは、あなたみたいに可愛らしい女になれなかった。

すぐに下を向いてしまうし、すぐに黙って、もう動けなくなってしまう。

そんなわたしなのに、あなたはわたしのことを強いって言ってくれた。

わたしみたいになりたいって、言ってくれた。

わたしは、あなたみたいになりたかったんだよ、本当に。

わたしがお見合い結婚するときも、優しい声で言ってくれたよね。いやなら逃げてもいいんだよって。親の決めたことに逆らえず、結局逃げられなかったけど。

あなたがそばにいてくれたから、苦しいこと全部を笑顔に変えることができた。

お返しに、あなたのことも笑わせてあげたかった。

もうそれは叶わなくなってしまったけど、きっと、あなたからもらった温かい心を誰かに伝えることができる気がする。

こんなわたしに、優しくしてくれて、ありがとう。

こんなわたしと、友だちになってくれて、ありがとう。

こんなわたしのそばに、いつもいてくれて、ありがとう。

もらった大切なもの、わたし、ずっと大切にする。

一秒たりとも、絶対に忘れない。

むかしのわたしのように、電車に乗れず困っている人がいたら、すぐに声をかけて助けてあげるんだ。

その人もきっとこの気持ちをわかってくれる。

あなたから始まった優しさ。

たんぽぽの綿毛が風に乗って、遠くに運ばれるように。

あなたから溢れた温もりが、大勢の人たちのもとにいく。

みんながあなたの名前を知らなくても、この気持ちだけは伝わるの。

ゆっくりと、少しずつ、世界が変わっていくの。

これから何十年経っても、何百年経っても、あなたの残したものは消えない。

だからこそ、あなたが生まれてきてくれたことに、感謝しかない。

人は永遠に生きられないけど、気持ちは……」

「うわッ！　おーいッ。またお義母さん、便器に花入れて撫でまわしてんぞッ」

「もうッ。お母さん、止めてって昨日も言ったよねッ、これッ。マジめっちゃ汚いってッ。川で死んだ意地悪な友だちの顔とか、便器に浮かばないからッ。不潔！」

「ゴーゴーゴースト」

「皆さーん。こんにちは！　心霊紹介チャンネルゴーゴーゴーストのお時間です！

いつもは皆さんから頂いた情報をもとにですね、心霊スポットにいって呪われた地縛霊、つまりユーレイを探したり、皆さんからの極上の恐怖体験をお届けしたりしているのですが！　今日はですね！　それだけではなく、心霊写真もお見せしたいと思っています！　すっげえのが届いたので皆さん、楽しみにしてくださいね！

それではレッツ、ゴーゴーゴースト！

今日やってきたのは、体験者のAさんが住むマンションの部屋なんですが、なんとこの部屋、ユーレイがでるんです！　ユーレイがでる、つまり。事故物件！　怖いですねえ！　いま、世間は事故物件ブーム、事故物件だらけ、事故物件天国です！　躰が動かなくなる金縛りや人影、すりガラスのむこうに誰か立っているなんて、もはや非常識中の常識、カムカムゴーストなワケですよ！

そしてAさんのところでは、なにが起こるかと言いますと、なんとバスルーム！

バスルームと言えば人間がいちばん無防備になるところじゃないですか。そんなところでユーレイがでたら、もう堪らないですよね！

ではバスルームに移動してみましょう！　ゴーゴーバスルーム！


はい、ここが問題のバスルームということですが——一見普通のバスルームに見えますが、ここで霊現象が起こったと、そういう風に言われたら……お！　なんかいま、いま、手に、ピリピリきました。うん、確かに霊の気配を感じま……え？　なにどうしたの？　止めないで。なんで止めたの。ノイズ？　ノイズでた？　ノイズ……仕方ないか。

じゃあ、もういっかい。いける？　じゃあ、カウント。さん、にい、いち。

はい、というわけで、ここが問題のバスルームということですが。

ちょっと見た感じ、特になんの変哲もない感じなんですが、ここでこのAさんが怖い体験をしたということでね、言われてみれば、なんか怖い感じもするのですが、ぼくの霊感的には……あ、なにか。なにか……手をこうやって前にだすと、なんか、いま、ビリビリとした感じの、痺れにも似た感じの感覚がありましたね。これはやっぱり……なんか、いそうな感じですね。うわ、すっごい痺れるわ、これ。いままでいったところに比べたら……また？ どうした、またノイズ？ なんで？

なんかわかんないけど、ノイズでる？ 直らないの、それ。いや、いきなり勝手にでるからって言われても……はあ。ちょっとさ、直るかどうか、ちゃんとみてよ。

Aさんはずっとここに住んでいるんですよね？

いままでここで、このバスルームで誰か亡くなったとか、そういうことありました？ ない？ まったく？ 例えばご両親が健在のころ、例えば、そうですね、ここで心臓マヒで誰か亡くなったとか。あ、お祖父ちゃんかお祖母ちゃんでも。あ。そういうのもない。そうですか……。なんかあったほうが助かるんですけど……。

まだ直らないの？ いままでてない？ あのさ、オレ思ったんだけど。なんかノイズ走ったらさ、それもう、そのまま使わね？ テロップとかで謎のノイズがとかだしてさ、どうせなにも映らないんだから、そのほうが盛り上がるし。そういうの使えるじゃん。それでいこうよ。ね。オッケ？　じゃカウントするね。さん、にい、いち。

皆さん。ここが問題のバスルームです。ここで心霊現象があったということですが、うん、なんかこうやって手をだすと、指先が確かにビリビリしますね。ここでこのAさんの両親が心臓マヒで亡くなったことと、なにか関係があるのでしょうか？

言われてみれば若干、禍々しい気配もするような気がしますね。おそらくこの土地にむかしから住む、悪いものが最近になって目覚めて、あちらからこちらの世界に生きている人たちを呼んで……もう！　止めるなッ、止めるなよッ！　はあ？　ノイズの最中に顔が浮かんだ？　そんなのいいから！　とりあえず最後までしゃべらせてッ」

「かくれんぼ延長戦」

「むかしさ、かくれんぼしてたんだよね、友だちの家で」

「なによいきなり、唐突ね。いきなり思いだしたの？」

「それでさ、ひとり見つからなかったんだ。どんなに探してもいないの」

「隠れるの上手だったのね。ときどきいるね、そういう子」

「もう諦めてさ、別の遊びしたの。でもその子はいない。でてこない」

「強情な子。信念を感じるわ」

「夕方になったから帰ったのよ。自宅に。夜になって電話があって。いなくなった男の子の親からでさ。ウチの子が帰って来ないから、なにか知ってる？　みたいな」

「え？　マジで？　怖いんですけど」

「正直に話したの、かくれんぼのこと。友だちの家にも連絡がいって。警察も呼ばれて結構大騒ぎ。夜なのに、オレも親と友だちの家にいくことになって」

「……それで？」

「今度はオレたちだけでなく、友だちの親とオレの親と、いなくなった男の子の親と警察の人たち、みんなでかくれんぼの続きしたの。どこにいるんだって探した」

「めちゃくちゃ大ごとになってるじゃない。それで見つかったの？」

「その子、押し入れの中、布団のあいだで急死してた」

「え！　どうして？」

「理由はわかんない。後で聞いたら、もともと心臓が弱かったとか、なんとか」

「可哀そう……発作を起こしたのね、きっと。誰のせいでもないよ」

「そう、誰のせいでもないと思うんだ。これって。でもなんで命日だからって、いつもオレのところに来るんだ。ほら、そこのちょっと開いてる押し入れ見て。いま」

「切ないシャンパン」

「では、結果を発表しまーす」

「例の件ね。はーい、発表お願いしまーす」

「ママのおかげで！　無事に！　除霊できました！　イエーイ！」

「おお！　良かったねえ。イエーイ！」

「おかげでもう絶好調、ご心配おかけしました！」

「いやあ、良かったよホント、めでたいめでたい！」

「今日は久々の絶好調だからさ、シャンパンとか開けちゃおうかな？」

「いっとく？　いっとく？　ふたりで乾杯とかしちゃう？」

「じゃあ、シャンパン一丁、お願いしまーす！」

「イエーイ！　あざーす！　あ、シャンパンね、メニューに書いてるけど、この種類と、この種類があるけど、どっちがいい？」

「あ、じゃあ……こっちで」

「イエーイ！　ちょっと待ってね、えっと、確かシャンパンはあっちの棚に……」

「あ、お兄さんも一緒に良かったらどうですか？　ぼく、最近すごく調子悪かったんですよ。寝ていると毎晩、金縛りにあったり。ちょっと油断したらすぐ怪我したり。ツイてないなと思って。占いにいったら、とり憑かれてるとか言われて。もう超怖くなって。その理由も、なんかご先祖さまの墓参りがどうとか、ワケわからんことを言われたんですけど、ぼく親と仲が悪くて、ご先祖さまの墓なんかどこにあるか知らないし興味ないし。それで、拝み屋っていうお祓いをする人を見つけて……」

「……ちょっと、誰と話してるの？」

「え……」

「ほ、ほら、シャンパン降臨しました！　ウチで二番目に高いシャンパン！」

「イ、イエーイ！　とりあえず乾杯しよう！」

「それじゃ、ぽんッ、と良い音でオープン！　カウントお願いできますか！」

「オッケーの了解！　サン！　ニイ！　イチ！」

「オープン！　ポンッ！」

「痛ッ！」

「きゃッ！　ごめん、大丈夫？　なんでか、そっちにコルクが飛んじゃった」

「痛たた……いや、痛くない！　大丈夫！」

「ヤダ、目に直撃したの！　真っ赤になってるよ！」

「大丈夫だって！　酔っぱらってるから充血してるの！　まだ呑んでないけど」

「そ、そっか、良かった。じゃあ、とりあえず飲みましょう！」

「じゃあ、カンパーイ！」

「カンパーイ！　きゃッ！　停電？」

「あはっ。すごいタイミングで停電したねえ。ブレーカー落ちたんじゃない」

「な、なんでだろ。ちょっと待ってね、奥のキッチンにブレーカーあるから」

「もう。いいところだったのに。しっかりしてよ、ママったら……」

「…………」

「…………」

「…………ぐふふ」

「………」

「ブレーカー上げまーす、それっ」

「眩しっ！」

「はーい、ごめーん。お待たせしましたーっ」

「やっと乾杯だね！　それじゃあ改めまして！　カンパーイ！」

「あれ？　私のグラスは」

「ママのグラスは……どこいった？　あ。あそこにあるよ」

「な、なんであんな離れた席にあるの？　移動させた？　なんで？」

「……させてないよ」

「あのさ、言いにくいんだけど、除霊って成功したんだよね？」

「うん……多分、もう大丈夫って言ってた……」

「目、マジで真っ赤だよ。白目の部分が全部」

「うん……すごく痛いし、なんか見えにくい」

「さっき、私が奥にいってるとき、お爺ちゃんみたいな笑い声しなかった？」

「うん……めっちゃした」

「ホントにホントに除霊、成功してる？　拝み屋さんってどんな人だった？」

「超うさんくさい感じだった……」

「だよね……」

「うん……」

「……乾杯、また今度にしようか。ちゃんとした人に除霊してもらってから」

「……そうしよう。でもちゃんとした人ってなに？　なんて検索したらいいの？」

「ネットで検索して決めたのね……」

「うん、オレ、あんま友だちいないから」

「だよね……今度、知りあいに聞いてみる。そういう人、知ってるかどうか」

「お願いします、ママにもちゃんとお礼するから、マジでお願いします」

「すぐお金をチラつかせるの、悪いクセだよ……」

「ごめん。でも、もう染みついちゃってて」

「だろうね」

「あと、オレも親に電話して仲直りするわ……それが原因かもしれないし」

「それがいいよ。そうしな」

「切ないシャンパン」


「なんか、今日はなんかわかんないけど、なんかゴメンね」

「うん、気にしないでいいよ。このシャンパンの代金はもらってもいい?」

「はい、ぼくが言いだしたので……じゃあ、お会計お願いします」

「三万円ちょうどです。ごめんね、飲んでないのに」

「……大丈夫です。切ないけど。それじゃあ気をつけて帰ります。じゃあ、また」

「池袋のワンルーム」

「ねえ。なんか怖い話ない？」

「なんだよ、怖い話って。ヤクザのおっさんとかの話か」

「違うよ。誰がそんな話、聞きたがるのよ。なんか心霊的な、そういうの」

「いや、そっちのほうが聞きたがらないだろ、誰も」

「なんかないの？　今度、怪談会に参加するのよ」

「怪談会？　なんだそれ」

「もう、いいから。そういうのがあるの。ねえ、なんかないの？」

「心霊的なやつね……あるよ」

「マジで！　すごいじゃん。いつ？　いつの話よ。どこで？」

「えっと、大学一年のころ、池袋のワンルームの部屋」

「ワンルームの部屋？　どんな？」

「どんなって、普通のワンルームだよ。ロフト付き、セパレートの」

「なにがあったの、そのワンルームで。ロフト付き、セパレートで」

「爪があった」

「爪？　爪ってネイル的な、爪？」

「なんだよ、ネイル的な爪って。爪だよ。普通の」

「爪切りで切った爪？」

「爪切りって感じじゃなかったな。かといって生爪丸々でもないけど」

「じゃあ普通じゃん。ちゃんとゴミ箱とかティッシュの上で切りなよ」

「いや、オレの爪じゃない。なんかよく落ちてたの。爪が」

「だから、それってアンタの爪でしょ」

「ほら、爪って意外によく観察しちゃうじゃん。指紋とかみたいに。それに爪切りで切るときは、自分がどれくらい伸びたとか、大体ガン見してるじゃん。明らかにオレの爪じゃないのが、しょっちゅう廊下とかカーペットとかに落ちてるの」

「確かにそうね。切るとき、よく見てるわね」

「だろ。あと当時さ、オレ集めてたんだよ、スニーカー。んで、飾る場所が欲しかったからさ、部屋はテーブルと椅子だけ置いて、あとは棚並べてスニーカーたくさん飾ってたの。自分の物とか作業スペースは全部ロフト。インテリア重視を心掛けてたから、やたら掃除してて。ゴミとかあり得ないワケ。なのによく落ちてるの、爪が」

「考えてみれば気持ち悪いね、確かに」

「意味わかんないけど、どうしようもないじゃん。もう気にしないようにしてたの。んで、一年くらい経った夜かな、住みだして。ロフトで閉じこもってレポート書いてたの。そしたらね、やたら音がするんだよ。最初は隣の住人の音かと思ってたんだけど、どうもロフトの真下の――玄関へ向かう廊下から聞こえるのね」

「音って、どんな感じの音？」

「それがさ、素足で歩きまわる音なの。うろうろしてるみたいな」

「泥棒だったりして」

「オレもそう思った。だからそっとロフトから部屋を見下ろしたけど……誰もいない。玄関にむかう廊下にいくにはドア一枚あるからさ、ハシゴ使ってロフトから部屋に降りて、ドア開けたの。そしたら音も止まったんだよね。ドア開けたら、目の前に見えてる玄関はちゃんと鍵がかかってるし、トイレと風呂を調べても誰もいない。なんだか気持ち悪いなあ、くらいで終わった。そんだけ」

「それだけ？　他にはなにもなかったの？」

「ちょっとはあった。ハシゴ登る音だけが聞こえたり。ロフトで寝転がってるとき、なんとなく、うつぶせになって部屋を見下ろしたら誰かが壁むいて立ってたり。顔はわからなかったけど、ぼさぼさの髪の毛がこう、肩の下まであったから、女だよ」

「ハッキリいるじゃん、幽霊。ヤバいじゃん」

「でも別になんかしてくるワケでもないし。あっちも答えなかったし」

「答えなかった？　どういうこと？」

「いっかい、ロフトまで登ってきてさ。ハシゴから身を乗りだして。寝てるオレの胸をぐいぐい押してくるの。それで目が覚めて、聞いてみたんだよ、その女に」

「なんて？」

「オマエさ、誰なの？　なにがしたいの？　って」

「……アンタ、すごいね。それで」

「いや、なにも答えなかったよ。なんか睨んでた。意味わかんね」

「それから?」

「もう好きにしてくれみたいな感じで寝たよ。起きて変な夢見たなと思ったけど、女がいたところに結露みたいな、水たまりができてた。マジ怖いよね」

「怖いと言いながら感情うすい、オマエのほうが怖いわ」

「Yちゃんヤバし」

「すみません、珈琲のおかわりくださーい」

「おかわりすんのかよ。もうあんまり時間ないぞ。大丈夫か？」

「大丈夫だろ。今週は時間に縛られないって決めたの。来週から新しい職場だから」

「ヒマな時間は人をダメにするからな。無職脱出。仕事見つかって良かったな」

「無職といえばYちゃんだな。仕事辞めてから、どんどんヤバくなったらしいぞ」

「Yちゃん？　Yちゃんって彼氏刺したYちゃんか？」

「そ。彼氏刺したYちゃん」

「あれ、結構衝撃だったよな。なんだっけ？　彼氏の浮気が原因だっけ？」

「オレ、彼氏本人から直接聞いたんだけど、浮気してなかったらしいよ」

「ホントかよ。じゃあ、勘違いで刺したってこと？」

「そういうことだな」

「普通さ、浮気の証拠とか掴んでから刺さない？　確たる証拠とか」

「確たる証拠掴んでも普通は刺さないだろ。犯罪だから」

「Yちゃんって彼氏のどこ刺したの？」

「胸。本気で殺る気だったみたい。数センチ横だったらアウトだったらしいよ」

「怖っ。Yちゃん刺す前はなんの仕事？　バイト？　してたんだっけ？」

「接客業？　なにしてたか忘れた。でも実際は辞める前から変だったみたい」

「そうなの？」

「未来が視えるとか。こいつらも許さないとか。意味不明のこと言ってたらしいわ」

「なんだよそれ。アニメの見すぎかよ」

「そんである日の仕事中、いきなり手首切ったの」

「え？　手首？　なにそれ？」

「お客とか他の仕事仲間とか見てる前で。大騒ぎになって。大変だったみたいよ」

「じゃあ辞めたっていうか、クビになったたってことかよ」

「そういうことだな。ハンパじゃない切りかただったらしいわ」

「なんだよ、ハンパじゃない切りかたって」

「なにで切ったと思う？」

「なにって……剃刀とかナイフみたいなじゃないの？」

「だと思うだろ、違うんだよ。大きいキッチンバサミで切ったらしいぜ」

「うおい！　マジかよ」

「刃でスライドじゃなくて、刺して傷口創ってから切り落とそうとしたらしい」

「わ、ダメだ。聞いてるだけで痛いわ」

「もちろん切り落とせなかったらしいけど、すげえ気合いだよな」

「なんで、そんなことしたんだろ」

「彼氏に聞いたら変なこと言ってたらしいよ」

「まあ、病んでるからな。変なことって、なんて言ってたんだ？」

「血をつけて呪いをかけるため、とか」

「うお、ヤべえ。呪いってなんだ？　彼氏にか？」

「いや、職場のことみたい。そのころはまだ浮気の話とかしてないらしい」

「なんだよそれ、意味わかんねえな。そんな呪いの方法とかあるの？」

「Ｙちゃんヤバし」

「知らない。輸血しなきゃいけないくらいの出血で、すごかったらしい」

「うわあ……オレ、そんな女イヤだな。怖すぎるわ」

「怖いな。普通じゃないにもほどがある」

「職場で手首切り落そうとするわ、彼氏殺そうとするわ。ヤバすぎるだろ」

「いまどうしてるんだろな、Yちゃん」

「あれじゃね？　刑務所？　知らねえのか？」

「知らない。入院したって聞いたような気もするけど、忘れた」

「結局、血まみれになった職場は呪われたのかな？」

「どうなんだろ。わからん。でも大丈夫だろ。呪いなんて現実にはないよ」

「あ、そろそろ時間だ。いこうぜ」

「ん、そうだな。いこう」


「店長、さっきその席に座ってたふたり組の話って……」

「ですよね。前、ここで働いてたYちゃんのことみたいです。どうしてあのふたり、うちのカフェに来たんでしょう。ただの偶然ですかね。話を聞いて怖くなりました」

「まさか、自分たちが座ってるテーブルが……」
「手首を切り落とそうとして血まみれだった現場なんて、思いもしないでしょうね」

「泣いてる子の夢」

「私が小学生のとき、父が同級生の父親と仲良くて、よく一緒に飲んでいました。
その夜も飲みにいった父は、ほろ酔いになって帰ってきました。
そして家にいた母と私に言うんです。同級生の父親から、こんな話を聞いたって。
同級生——彼女が同じ夢をよく見るんですって。
押し入れの奥に女の子がいて、悲しそうに声をあげて泣いている、そんな夢。
彼女は可哀そうと思っているんですけど、なにもできない。
起きてからも、なんとかして欲しいと、同級生は彼女の父親に頼むんです。
頼まれても、ただの夢だし無理じゃないですか。
でもあまりにも頻繁にその夢を見るので、彼女の父親も気になってきた。
一度、掃除がてらに押し入れを一緒に見てみよう、ということになったんです。

押し入れの物を全部だすと――奥から人形がでてきたんです。古い人形が。

ああ、これのことを言ってたんだ――彼女の父親は納得したという話。

それだけです。ウチの父親もそんなこと本当にあるんだな、と感心していました。


それからずいぶん経って、私が中学生になったとき。

たまたま道で会った、その同級生とおしゃべりして盛り上がっていたんです。

流れで同級生の家にいくことになりました。

父親と違って、私はそこまで仲がよかったワケではないので、家に入ったのはそのときが初めてです。彼女の自室に通されて、座布団に座りました。

『ジュースとお菓子を持ってくるね』

彼女が部屋からでていったと同時に見つけたんです。椅子に座らされた人形を。

(あ、この人形は――)

あの話をすぐに思いだしました。多分、これが例の人形だ。

人形は椅子に座ったまま、私を見つめています。私も人形から目が離せません。

まるで、にらめっこみたいな状態です。

同級生がもどってきて、ジュースとお菓子を置き、またおしゃべりが始まりました。私も話を聞きながら相づちを打っていたんですが、気になって仕方ないんです。どうしてもチラチラ人形を見てしまう。

そのうち怖くなって立ちあがり、逃げるように同級生の家を後にしました。せっかくジュースやお菓子を用意してくれたのに、申しわけなかったと思っています。

でも耐えられなかったんですよ。だってあの人形、同級生と話しているあいだも、ずっと私のほうを見て——瞬きしたんですもの」

「限界チャレンジ」

「もしもし。アカンわ、オレやっぱ無理かも。限界チャレンジ、ギブアップ。だって絶対誰かおるもん、この牛丼屋。めっちゃ気持ち悪いねん。五時なったらシフト交代の人が来るけど、もう我慢できへんわ。まだ二時前やで。平日のこんな時間に、しかも駅からやたら離れてるこの場所で、客なんかもう来えへんから閉めたらいいのに。なんかさっきから、ずっと自動ドアが開いたり閉まったりするねん。わけわからん、パキパキ音、鳴るし。そう、音。なんか指の骨を鳴らすみたいな、乾いた音するねん。あ、客来た。ちょっと、いっかい切るわ。あとでまた電話かけるかも」

「もしもし。ごめん、まだ起きてる？

お客帰った。大盛り頼んだけど、酔うてたみたいでひと口も食べへんと帰った。しかも、やたらチラチラ席見てるし。

席や。うしろの席。なにが気になるねんと思ってたら、にっこり笑いかけるし。いや、酔うてるんやったらいいけど、なんか視えとるんやったら、どうしよか思て。

ああ、堪らん。めちゃストレス。

よう考えたら店長のおっさんも絶対わかってるわ。だって怖いから辞めたい言うたら、時給上がるって、そんなんおかしいやん。しかもな、さっき気づいたんやけどな、お客にバレへんところ、厨房の上に御札貼っとるねん。

だからあのおっさん、厨房におったら大丈夫やから、とか言うてたてん。

あ、お客来た。ちょっと切るわ。またかけるかも」

「あ、もしもし。まだ起きてた？　もう寝るところ？

うん、いま外におる。もう知らん。でてきたわ、裏口から。あんなん無理。

シャッター閉めたかって？

閉めてへんよ。もう全部そのままにしてきた。うっとうしすぎるわ。

だって客や思たら、ニヤニヤ笑った黒い影みたいなの立ってんねんで。
自動シャッター反応して開いたり閉まったり開いたり閉まったり。
頭おかしなるわ、なんでバイトごときで、そんな思いせなアカンねん。
人が足りてないのに、過労死するまで働かせる店やからキモいの集まるねん。
最近、深夜営業なくなってる理由、ようわかったわ。もう絶対昼間の仕事する。
でも、なんか怖いからそっち帰るまで起きといて。ほな」

「ばたん、ぽい、あがが」

「こぉぐまの親子はなぁかよぉし親子、なぁかぁよぉおしぃいい」

「うん、うん、お歌とってもじょうずだねえ」

「じょうずになったでしょ、じょうずになったでしょ」

「でもねえ、もう木曜日だからねえ」

「木曜日はダメな日なの？　木曜日はダメな日なの？」

「すごくダメな日になるよお」

「ばたん？」

「そう、ばたんする日」

「木曜日だけ？」

「ううん、木曜日だけじゃないよ」

「次はいつなの？　次はいつなの？」

「たぶんねえ、来月の仏滅だよお」

「来月の仏滅の日、またばたんする？」

「するする。もう無理だけど、またなおそうとするのお、ふふふふ」

「じゃあ、そのあともばたん？」

「ばたん、ばたん」

「最後のばたんは、いつなの？　最後のばたんはいつなの？」

「最後のばたんは、おしょうがつだねええ」

「おしょうがつにばたんしたら、もうばたんしない？」

「もうばたんしないねええ。ずっと寝てるよおお」

「おはなしできるのお？」

「おはなしはできないなあ。だってもう耳が聞こえないからあ」

「そっかあ。みえる？」

「あっちはみえないよお。もうなあにもみえないいい」

「じゃあ捨てなきゃねえ」

「ばたん、ぽい、あがががが」

「うん、捨てるのがいちばんいいのお。だっていらないし臭くなるからあ」

「ぽい、するの？　ぽい、するの？」

「ぽいするよお。したい？　ぽいしたいのお？」

「うん、あたちがぽいしたい、ぽいしたい」

「ぽいしたあと、どうなるかしってるう？」

「しってる、ぽいしたあと、おっきな手がぎゅうううってするの」

「そうそう、かしこいねええ」

「そんでね、そんでね、あがががって、いうの。あがががって」

「ふふ、あがががが」

「あがががが、面白いからだいすき」

「あがががが、してたこと覚えてるう？」

「覚えてる。すごいあがががが、したんだよ、こうやってぎゅうう、あがががが」

「ずっとやってたもんねえ、あがががが」

「でもこの家のおばあちゃん、あがががっていわなかったらどうしよう」

「いうから、だいじょうぶよお」

「ばたん、ぽい、あがが」


「いうかなあ」

「いうよお。だって、みんな同じだったでしょお。あがが、ぐちゅ！」

「やったあ」

「じゃああ、またあ、歌ってくれるう？」

「こぉぐまの親子はなぁかよぉし親子、なぁかぁよぉおしぃいい」

「うん、うん、お歌とってもじょうずだねえ」

「じょうずになったでしょ、じょうずになったでしょ」

「でもねえ、もう木曜日だからねえ」

「木曜日はダメな日なの？　木曜日はダメな日なの？」


「音悪いですけど、カセットテープに録音した子どものときの母の声らしいです。

もうひとりいるんじゃなくて、ふたりとも母の声。しかもこれ、寝言らしいんです。

意味がわからなかったんですけど、この録音の通りの曜日と仏滅の日に、曽おばあさんが倒れて、お正月に亡くなって。

神さまかなんかの予言じゃないかって、お祖父ちゃんたちは言ってたらしいんですけど……気持ち悪いのは、この声、同じ内容を繰り返して六十分ものあいだ続くんです。
こぉぐまの親子はなぁかよぉし親子、なぁかぁよぉおしぃい、って」

「厭な反応」

「お疲れさまです、今日も暑いねー。ヤになっちゃうよ」

「お疲れさまです。あのさ、オバチャンってこの会社のパートしてどれくらい？」

「もう二十年くらいか。心は二十歳だよ」

「ちょっと聞きたいんだけど、いい？」

「どうしたの？　口説く気かい？」

「いや、真面目に。ここだけの話さ……幽霊とか、でる？」

「え？　幽霊？」

「そう。幽霊。視たことある？」

「あっははは！　なにを言いだすかと思ったら。アンタ大丈夫かい？」

「だ、だよね」

「そんなものいるわけないじゃないか、はっはは。そんなの信じてるのかい？」

「いや、どちらかというと信じてるほうだけど」

「可愛いもんだね、男の人って」

「いないよね、やっぱり。ああ、良かった」

「なんでそう思ったの？　見たの？　うらめしやーって」

「そんなの見てないよ、ぜんぜん」

「こんなに人がいるんだからさ、幽霊もわざわざこんなトコ選ばないよ」

「違うんだよ。この前さ、残業してたら変なことあって」

「変なことなんかなにもないよ。働きすぎ。あんた疲れてるのよ」

「いや、そうだと思うけど。なんかね。足音が聞こえてくるんだ。

あ、まだ誰かオレの他にいたんだ。そう思って。

近づいて来るんだよ、その足音がオレのほうに。

でも革靴の、こつ、こつ、こつみたいな足音じゃないの、それ。

ずーっ、ずーっ、ずーって引きずってる感じ。

その音、オレが座ってる椅子、そのうしろを通りすぎていったの。

あとニオイ。煙草の残り香が染みついたような体臭のニオイが足音と一緒に。

わっ！　なんかいま通った！　みたいになっちゃって。慌てて帰ったんだよ。

そんだけの体験、おわり。

思い返すとそうでもないけど、そのときはめちゃ怖かったんだよね。

でもその場になったらさ、絶対オバチャンもビビるって。

あれ、オバチャン？　どうしたの？」

「……いたよ」

「え？　なに？　なにがいたの？」

「靴の踵つぶして、そういう体臭の人。むかし……いたよ」

「いたの、実際に？　でもその人、辞めていまはいないってことでしょ？」

「……」

「……これから、残業はできるだけせず、定時で帰るようにしな」

「おばちゃん？」

「あ、うん……」

「その話、あんまり人に言うんじゃないよ」

「わ、わかった。言わないです」

「……じゃあ、私も仕事にもどるよ。お疲れさまです」

「あ、はい、お疲れさまです……マジかよ」

「好みなタイプのほうへ」

「ちょっと重い話してもいいかな？　誰にも言えなくって」

「ああ。オレで良かったら、なんでも言ってよ。たいしてさ、なにもできないかもしれないけどさ、話聞くよ。なんでも話して。聞く、聞く。聞くよん」

「ありがと。あなたにくらいしか話せる人いなくて。あのね。実は私、パパとずっと仲が悪かったのね。長いあいだ会ってないの。ママとは仲が良いんだけどパ……」

「あれ？　実家暮らしだよね。家って広かったっけ？　部屋たくさんあるならわかるんだけど、会ってないってどういうこと？　一緒に住んでたら顔あわせるだろ？」

「言わなかったっけ？　うちって離婚してるの。私が高校生のとき」

「ああ、そうだっけ？　言った？　そうなんだ。でも、なんで離婚したの？」

「パパの浮気が原因。当時パパとママ、険悪な感じだったし。それはしょうがな……」

「浮気かー。男は浮気するやつ多いよね。オレはしないけど。特にパートナーと仲が悪かったりしたら余計だよね。なんでバレたんだろ？　メールとか読まれたとか？　なんでバレたの？」

「なんでバレたのかは、ちょっとわからない。とにかくそれが原因で離婚したのね」

「じゃあ大変だったんだね、子どものころから片親で。オレのまわりにもいるよ」

「もう高校生だったから、そこまで子どもじゃなかったんだけど。それで……」

「高校生は子どもだよ。やっぱオレも高校生のときさ、バイトとかして金稼げるから大人ぶってたけど、そういうのって自分じゃ、わからないんだよな。ちょっと小銭稼げるようになったからって、大人じゃないんだよ、やっぱりそういうの関係ないよ」

「……そうなんだ。それでね、パパは近くに暮らしてたの。実家からふた駅くらい」

「じゃあ会えるじゃん。会おうと思ったら。会いにいきなって。父親なんだから」

「パパの浮気で家庭つぶされたのが私、許せなくって。何度か手書きの手紙……」

「わかるーっ。若いときって繊細だからそういうの許せないよね。オレも兄貴とか仲悪いもん。いつだろ、小学校のときケンカして、コーラ投げられて嫌いになったわ」

「とにかくね、パパが先月、ガンで亡くなってたのがわかったの。私それ聞い……」

「そうなんだ。ショックだよね、そういうの。生きてるならなんとかなるけど、もう死んじゃったらなにもできないもんね。お父さん、なんで死んだの？　事故？」

「ガン。ちょうど家で変なことが起こるから、パパのことと関係あ……」

「ガンか！　ガン多いよね。変なことってなに？」

「寝るときベッドに寝転がると、天井にシミが浮かんでくるの。なんか顔っぽ……」

「なんとか現象だよ、なんか顔に見えるの、点が三つあったら目と目と口みたいに。趣味現象だったかな。気にしないほうがいいよ。てか雨漏りしてるんじゃない？」

「その顔っぽいシミがね、立体になって、降りてくるの。その顔がおじ……」

「あーっ！　終電忘れてた！　ビールこんな残ってるのに！　もういかなきゃ！」

「……あ、そう。気をつけてね。私、もうちょっと飲んでく」

「また連絡するわ！　お父さんのこと気にしないで、元気になりなよ。んじゃ！」

「…………」


「……あのう、ちょっと。すみません」

「はい？　なんでしょう？」

「さっき、シミが浮きでてくるって言いました？　ごめんなさい、カウンターの並びだったんで、結構話が聞こえてしまって。気になっちゃって」

「……そうなんです。ベッドの上の天井にシミが浮きでてくるんです」

「それって、亡くなったお父さんの顔なんですか？」

「いえ、違います。パパ……父ではなくお地蔵さんなんです、それが立体になって、私の目の前まで伸びてくるんです。これが父の死と関係あるのか、わからなくて」

「そのベッドの上の天井のシミというのは、お父さんが亡くなったことを聞いてから、現れるようになったんですか？　それとも聞く前からですか？　どちらでしょうか」

「聞いたあとです。私すごく落ちこんじゃって」

「それなら弱っているから憑いたものかもしれません。お地蔵さんの顔ですが」

「憑いてきた？　どういう意味でしょうか？」

「悪いモノというか、そういうのです。なんとなくお父さんとは関係ない気がします」

「悪いモノ……」

「憑きやすいものに憑くみたいです。でも、もうでないと思いますよ」

「え？　どうしてそう思うんですか？」

「さっきの終電で帰ったお友だち。彼が椅子から立ちあがった瞬間、あなたから彼のほうに影が移動していきました。あなたよりも彼が好みなタイプだったんじゃないですかね。きっと、今夜からその顔でませんよ。もう彼のほうに移動したので」

「ずっとある人形」

「あれ？　お母さん、そこに飾ってた人形は？　捨てたん？」

「ああ。片付けたわ」

「そうなんや。あの人形、ずっとあるな」

「そうやな。前の家からあるもんな」

「お祖母ちゃんがバザーで見つけた人形らしいね」

「いや、違うと思うけど。アンタ、誰からそれ聞いたんや？」

「確かお祖父ちゃんが、そういう風に言うてたと思うけど。違うん？」

「違うで。前の家に引っ越してきたとき、置きっぱなしにされてた人形やで」

「そうなん？　お祖父ちゃん情報、間違ってるやん」

「能の人形やから、そう思ったかもしれんね」

「ん？　京都の家から引っ越すとき、持ってきたってこと？　気に入ってるの？」

「いや、ぜんぜん」

「ほな、なんで持ってきたん？」

「なんでか家にあるねん。なんでかわからへん」

「そうなんや。荷物にまぎれていたんかな。キレイな人形やもんね、可愛いし」

「可愛くないわ。いま押し入れの奥に仕舞ってるわ」

「なんで押し入れなん？　飾ったら？」

「気持ち悪いねん、あの人形」

「気持ち悪いて。持ってきといて、なに言うてるの」

「だから、持ってきてへんて。なんであるんか、ホンマにわからへん」

「だから気持ち悪いん？　なんでこの家にあるんか、わからへんから？」

「そうやない。あの人形な……ガラスケースに入ってたやろ」

「そやな、入ってたな」

「ガラスケースの中で、よう倒れてるねん。地震があったワケでもないのに」

「なんで倒れてるの？　原因あるやろ」

「夜、ひとりでに動いてるねん。気持ち悪いから片付けたわ」

「ご飯だけのご飯」

「ただいま。今日のご飯はなにかな……え？　これだけ？」

「おかえり。うん、今日はこれだけなの。アレだったら玉子焼きとか焼くけど」

「いくらなんでも質素すぎね？　なんか寂しいな」

「子どもらも同じこと言ってた。でも、お義父さんのリクエストなの」

「父さんの？　それはそれで珍しいけど、なんでまた」

「今日ね、変な人が家に来てたの。お義父さんがつれてきたんだけど」

「どんな人？」

「ほら、公民館の横、空き家になってるところ。酷い事件あったでしょ」

「去年だよな。怖いよね」

「お祖父ちゃん、公民館の掃除してたら、空き家の写真撮ってなんかメモってる人がいたんだって。声かけたら取材かなにかで来てる人だったらしいわ」

「へえ。それで?」

「そこで意気投合したらしくて。お義父さんが家に招待して、客間で一緒にお茶飲んでたの。私、こっそり聞いいの。そしたら……ふたりでなんだか変な話してたのよ」

「変な話ってなんだよ。実は取材じゃなくてセールスマンとか?」

「そんなことはないんだけど、どうも若いころの話を聞きたかったみたい」

「若いころ? お祖父ちゃんが若いころって戦時中か戦後の話だろ」


……そこで身をひそめて空襲の炎から助かったんですね。

「ほうよ。もうもどってきたら、なんもかんも燃えて焼け野原よ。帰るところなんてなかった。仕方ないから学校いったら、学校もありゃせん。親父もお袋もどこにいったかわからん。困ったな言うてたら、友だち見つけて。酷い火傷しとったよ」

火傷ですか。爆弾で?

「焼夷弾よ。筒の形しとって。中に燃料入っとるんやけど、それが腕にかかって」

あ、酷いですね。特殊な燃料なんで、火がついたら消えないでしょう。

「細い片腕全部、真っ黒に焦げとった。ツラそうだった。でも病院も焼けてなくなっていたし、あったとしても軟膏を塗るくらいしかできんかったじゃろ。いく場所がないから、ふたりで駅に向かった。途中、橋を通ったら、死体がたくさん浮いてた」

地獄ですね。そのあとは？

「駅で座りこんで、どうしたものか考えてた。もう暗いから朝まで持とうって。ずっと唸って痛がってたから、ちょっとでもまぎらわせようと会話しようとした。

『腹減ったな。なあ、なんでも食べれるとしたら、なにが食べたい？』

『うう、痛い、痛い……うう……』

『俺、雑炊食べたいな。前に叔母さんが作ってくれた雑炊、芋いっぱい入ってた』

『痛い……痛いよう』

いろいろ話しかけたけど、激痛だったんじゃろう、話にならんかった。

『なあ、ひとつだけ教えて。いちばん食べたいのは？』

『……うう』

そのうち座ったまま寝たから、わしも横で座ったまま寝た。

夜遅くなって、静かになって。

小便がしたくなって起きて。どこかで済ませようと立ちあがった。

草陰で用を足して、もどろうと振り返ったら友だちがおった。

『ご飯とお味噌汁食べたい。いちばんは、ご飯だけのご飯。ご飯食べたい』

それだけ言ったら、ふっと消えた。

なんだ？　気のせいか？　そう思って駅にもどったら友だちは座ってた。

朝、明るくなって肌の色が変わってるの見て、初めて死んでることに気づいた」

可哀そうですね。痛かったでしょうに。

「それがさっき話した、いっかいだけ見た幽霊の話じゃ」

ご飯だけのご飯ってどういう意味ですか。

「そのときは米が少なくて、麦とか混ぜ物を……」


「ふたりでそんな話してたのよ。なんか変でしょ」

「親父、いままでオレたちに一度もそんな話をしてくれたこと、ないな」

「聞かないからじゃないの？　私たちが」

「………」

「それでリクエストしてきたの。真っ白いご飯とお味噌汁。具は多め」

「親父、喜んでたか？」

「どうなんだろ。黙ってご飯見つめてた。いろいろ思うことがあるんだろうね」

「ネタ集めの人」

「あい、いらっしゃい……ってまたアンタか。もういいから帰ってくれ」

「まあ、大将。そう邪険にせず、今日も話を聞かせてくださいよ」

「いま忙しいんだ。昼時だぞ」

「そんなこと言って、ほとんど客なんかいないじゃん。それに、オレも腹が減った。今日は食べていくからさ。もちろん金も払うよ。チャーシュー麺をください」

「ち。ヘンなのに目をつけられたもんだ。チャーシュー麺ね。あいよ」

「なあ、本当はもっと知ってるんだろ。悪いヤツのこと」

「もうたいてい話したよ。あんたネットの記事にするって本当か？　どこのサイトかも教えやがらねえ。大体、本当だとしても仕事になるのか？　そんなもん」

「まだ準備中だけど、いずれ立ち上げて稼ぐんだよ。いまはそのネタの収集」

「いけ好かねえな。なんか利用されてるみたいな気分だよ、アンタに」

「オレは大将のこと好きよ。変わったものを集めているヤツは大好きさ」

「話を知ってるだけで集めてなんかねえよ、そんなの価値があるものか？」

「世の中には廃墟の写真を撮りにいくのが好きってやつもいれば、オレみたいにドキドキするような話が好きってやつもいる。価値なんて人それぞれですよ」

「なんだそりゃ。意味がわからねえ。で、今日はなんの話が聞きたいんだ？」

「暗殺の話は聞いただろ。海外にいる窃盗団の話も。窃盗団は最近、有名な話になってきたな。国の陰謀や秘密結社の話も聞いたし。水道水で脳が硬化する話も聞いた」

「いま廃墟の写真がどうこう言ってたけど、廃墟での悪さする話も好きか？」

「廃墟？　廃墟の話があるのか？　廃墟で悪さするヤンキーの話とか？」

「悪さってほどでもないが、ヤンキーの話だな。そういうのならある」

「いいじゃん、聞かせてくださいよ。今日も悪い話を」

「あいよ、お待たせ。チャーチュー麺。じゃあ、食いながら聞けよ。

十五年くらい前の、ヤンキーの男の話だ。

ヤンキーといっても、二十代半ばをすぎていたらしいがな。

十代のころの生活がなかなか抜けなくて、成人してからもずっと暴走族みたいなことをやってたんだ。ケンカも好きで、乱闘騒ぎを起こして騒いでたらしい。

あるときな、幽霊のウワサがある廃墟の話を聞くんだ。仲間たち、といっても自分の後輩ばかりだが、そのひとりが廃墟の話を始めて。内心は怖がっていたが、なんせみんな年下だ、ビビっているところなんか見せられない。

『お前らマジでそんなの怖いのか？　腰抜けぞろいだな、チキンどもが。廃墟かなんか知らねえが、オレがいって幽霊なんてもん、ぶっ飛ばしてやるよ』

そういって仲間たちと車で向かったんだ、その廃墟に。

廃墟がある山は、ほら、この店から四十分くらいのトコにある○山。あそこだよ。国道にある大きな定食屋から向かったら真っ直ぐのところ。駐車場があって、そこに車停めて、坂になってる山道を登っていったらすぐだ。

そこに到着してみんな『うわあ』って声だした。ぼろぼろの廃屋、深夜二時だよ。そりゃ怖いわ。でも、いちばん怖がってるのは、いまから幽霊ぶっ飛ばす、そのヤンキーくんだな。帰りたいと思ったが、タンカ切っちまったんだから仕方がねえ。

仕方なく先頭を進んだが、後輩たちは怖がってついてこない。

『すみません、オレたちムリっす』

『あ？　ホントだらしねえな。お前らここで待ってろ。やってくるわ』

そう言ってひとりで進んでいった。ヤンキーくん、なにも考えてないし準備もしてないから、懐中電灯すら持ってねえんだよ。月明かりで照らされてるところ以外、真っ暗すぎてなにも見えねえ。でもうしろで後輩たちは自分の背中を見ているはず。

もう、なるようになれと思って、ずかずか真っ直ぐ進んでいった。

木造の廃屋でな、火事になったわけでもないのに、妙に周囲は焦げくさい。

ドアもなく、壁もところどころ崩れて柱がむきだしになっている。

心臓の音がバックバク鳴ってるんだけど勢いを止めず、中に入ったんだ。外から見るより真っ暗で、しかも肝試しにきた他のやつらがご丁寧に置いていんだろう、散髪の練習で使う生首みたいな人形あるだろ、あれが窓のところに並んでるんだよ。

さすがに『ひっ！』と声をあげたが、見ないようにしてどんどん奥に入っていく。

バケモノみたいな顔のラクガキがあったり、黒い布がぶら下がってたり、もう怖さも一周まわって逆に興奮してきたらしい。ふうふう息を切らせながら、こぶしを固めてファイティングポーズで歩いていく。いちばん奥までいったら入口の反対側、その廃墟の庭にでたんだ。幽霊、いないじゃねえかと煙草をとりだしてくわえた瞬間。

そこにカメラみたいなのを持った、見知らぬ男が立ってたんだ。

頭の中でなにかが切れて『うおおッ』と叫んで男に飛びかかった。

そこで記憶が途切れて気絶。後輩たちに起こされ目が覚めた。

『……あ？　ここ、どこだ？』

『帰ってこないから、迎えに来たんすよ。早く逃げましょう』

全員でまた廃墟の中を通って入口にもどり、坂道を下って車に乗ったん。

頬がじんじんして痛むと思ったら、やたら腫れてんだよ。そこからはもうヤンキーくん、正直にどう怖かったとか説明するモードに入ったが結局、後輩たちも廃墟に入ったわけだからヤンキーくんに同調して『怖かった、怖かった』と騒ぎまくったのよ。

みんな盛り上がってるから、帰りにファミレスで話していたんだけどよ。

話が微妙にかみ合わないところがあったんだよ。

『オレ、あの黒い布みたいなのが怖かったす』

『ラクガキ、怖かったのラクガキっすよ。めちゃビビりました』

後輩たちがいろいろ言ってるから。ヤンキーくんも言ったんだよ。

『いや生首だろ、いちばん怖かったの』

『……なんすか？　生首って』

みんな真っ青になって、そんなものはなかったって口をそろえる。

生首だけ本物だったたって話だよ」

「男はなんだったの？　廃墟の反対側、外の庭に立っていたんだよね？」

「さあ、知らねえな。ヤンキーくんだけが会って、他のやつは見てないらしいわ」

「へえ、そんな場所あるんですねえ。オレもいってみようかな」

「いってきたらいいじゃねえか。車で来てるんだろ？　すぐだよ、ここから」

「いこうかな。この時間だと大丈夫でしょ」

「いってこい、いってこい。幽霊いたらぶん殴ってこいよ」

「よし！　じゃあちょっといくわ。ごちそうさまです、お勘定置いとくね」

「おう、思いっきり殴ってこいよ。じゃあな！

………………。

あ、もしもし。オレだけど。例のガキだけどさ、予想通り、あの話したら、いまから向かうって。四十分くらいで廃墟につくと思うぜ。よくわかんねえけど、話を集めるの好きだから多分、怪談もたくさん持ってるはずだわ。捕まえて怪談聞きだしたら本のネタになると思うぜ。もしビビッて襲いかかってきたら殴り返してやれよ。オレのときみたいに」

「痛かったから仕返し」

「あッ！　来たッ、来たッ。来たよッ。お父さん、早くッ！」

え？　え？　いや？　なんですか？　怖い。

「あ？　やかましいのう。どうした？」

「この人ッ、回覧板の不審者ッ、ほらッ、特徴も同じ！」

「お前か！　この辺ウロウロしてるやつは！　すぐそっちいくけ！　逃げんな！」

いや、逃げないけど。え？　私、そういう感じになっているんですか？

「おらッ、喰らえッ、おっりゃああ！」

私も、いろいろな目にあいましたが、ドロップキックは初めてですね。

「すまんかった。回覧板にでとったんじゃ。不審者じゃいうて。堪忍してくれ」

まあ……ある意味、不審者ですが。にしても廊下からダッシュはどうかと。

「だから、すまん。悪かった言うて謝っとるじゃあないの」

「あなたもあなたよ。その、なんていうの？　フィールドワーク？　みたいな取材だったら、ちゃんと説明しなきゃダメよ。いつもこういう感じで仕事してるの？」

そんなヒマなかったと思います。本でいうなら七行読むくらいの時間でした。ちゃんと挨拶して名乗って目的を話していますが、挨拶の時点で襲われたら無理ですよ。

「前にもこの近くで空き巣があったんじゃ。わしはてっきりそれかと思ってのう」

はあ。まあいいですけど。ワースト三位ですよ、取材でこんな扱い。

「ウチの旦那が三位なら、一位はどんなのでした？」

ノコギリ持った人に追いかけられたことがあります。二位はハンマーです。

「悪いやつがいるのう。わしのはちょっとした勘違いだから、警察は呼ばんでくれ」

ドロップキックは命中してますから、そっちもじゅうぶんエグイかと……いや、もうどうでもいいです。説明した通り、この付近であった事件とか伝承を調べてまして。他にも個人的に体験された不思議な話とかあれば聞きたいのですが。ありますか。

「わし、よそから引っ越してきた者じゃけ、あんまりこの辺のことはわからんのう」

旦那さんのご出身は広島ですか？

「あら。アンタも広島かいな？　そうじゃったか。先に言うてくれたらええのに」

……違います。でも何回かいったことがあるので。

「こいつとは東京で会うて、都会はたいぎいけ、田舎に引っ越してきたんよ」

「不思議な話って、どんな話が聞きたいんですか？」

ざっくり言うと、幽霊の話とか。あり得んじゃろ？　みたいな話でも。

「お、広島弁じゃ」

「そうですね……私は都内に住んでいたのですが。自殺があった部屋で夜になると、金縛りになるみたいな話を聞いたことがあります。でも私自身の話じゃないし」

「わしも流川で着物の幽霊が立っとるいうのは、聞いたことあるわ」

どれもウワサ程度のものですね。あなたたち自身が体験したことは？

「わしらはないのう……あ。この前の柱のアレは変じゃなかったかいの？　ほら」

「ああ、冬ね。アレはちょっと怖かったね」

アレとは？

「わしら一年半くらい前に引っ越してきたんじゃが、このあいだの冬、えらい寒い日があって。寒すぎるけ、びっちり部屋閉めきって、コタツで鍋食うとったんじゃ」

「食べ終わって。寒いから居間から寝室に移動するの面倒くさくなって。ふたりでコタツで寝ようって話になったのね。掛け布団だけとってきて、居間で寝たんです」

「ほんだら、コイツが夜中起こすんよ。なんか音が聞こえる、言うて」

「居間の柱から音がするんです。最初は家鳴りかと思ったんですけど……よく聞くと声みたいに思えてきて。う、ぐ、ぐ、ぐみたいな。ああ、思いだすと、ほら鳥肌」

「アレは声に聞こえたのう。でもコイツが怖がるけ、気のせいじゃ言うて寝た」

「あれから怖くて居間で寝てないよね……こういう話でいいの？」

そうですね、そういう話を集めています。やっぱり居間ですか。

「やっぱり？　やっぱりって、どういう意味じゃ？」

ここって借家ですよね？　これ以上は私の口から言えないです。

事故物件を調べるサイトがあるので、おヒマなときに是非見てください。

それじゃあ、失礼します。ありがとうございました。

「悪しき時代の悪しき人」

じゃあ、お勧めのブランデーを頂けますか。なんでも構いません。お任せします。

マスターはこのお店、長いんですか？

ああ、もう十五年も。それは長いですね、素晴らしいです。

映画のポスターをたくさん貼っていますね。あ、あれは懐かしいですね。こっちは最近だ。古い映画から新しい映画まで幅が広いですね。映画、お好きなんですね。

あ。ありがとうございます、いただきます。ああ、これとっても美味しいですね。

いえ、観光ではありません。仕事できているんです。東京から。

取材ですね。ある種のお話を聞いてまわっているんです。

いえ、まあ、出版関係みたいなものです。はい、はい……まあ、そんな感じです。

この近く、そこにあったビルが二十年ほど前に火災になった事件、マスターもご存知でしょう。聞きこみすると穏やかじゃない話が多かったみたいですね、あのビル。

一階の居酒屋で客が店長を殴って怪我させてしまったとか。

スナックの経営者が心を病んで店内で自殺してしまったとか。

ちょっと乱暴な話が多いです。怖いですね。

平成に入る前から、反社の事務所もあって。幅を利かせていたようです。

不動産屋で勤めていた人間が橋渡しになって、悪い人をお店に紹介して一般人を巻きこんだりして。バブルの名残があった時期ですから、大きな金銭も動いていたようですね。ケツ持ちっていうんですか。経営者にボディーガードのような仕事を強引につけさせて、店が儲かったら取り分をアップさせていく。その筋の人間を店につれていき、客の紹介料をとったりしいたようですね。

悪どい手口です。無理やりクスリを売らせていた、というウワサもありました。

ビルは放火で燃えたようですね、ずいぶん前に。

それも保険が掛かっていたなんて言われていますが……まあ、それはいいとして。

現在の空地になる前、火事で燃える寸前のころ、幽霊がでるなんて言われてたようです。それもワンフロアの一店舗とかでなく、あちこちの店舗に。うろうろ歩きまわっていたり、壁の隅に立っていたり。もしそれらのウワサが本当だったとして。
幽霊たちは、ビルが燃えた後、どこにいったんでしょうかね。
まさか火事と一緒に消火されたなんてことはないでしょう。
どこかに移動していったんでしょうね。きっと。
なんとなく気になって、改めて取材をして、話をまとめて推測したんです。
マスターが以前、不動産屋さんに勤めていたことはもう他の人たちから聞いています。
ここからは誰かから聞いた話ではなく、私の推測なんですが――。
ビルにいた幽霊、この店にでるんじゃないんですか？
ここの映画ポスター、そのうしろに御札が山ほど貼ってあるとか。どうでしょう？
え？　もう閉店ですか。そうですか。わかりました。いろいろと。
ごちそうさまでした、お勘定はここに置いておきます。どうかお気をつけて。

「二十二日に事故」

Aさん、今日はありがとうございます。よろしくお願いします。

「オフィスでの話やんな。ええで、別に。でも、ここのコーヒー代おごってや」

もちろんです。では例のお話をお願いします。

「えーと、もう二十五年くらい前かな、心斎橋にある営業の仕事しとったんです。そこの会社、ほとんどの曜日、家から営業先に直接向かって良かったんですよ。朝の集合が週に何回かしかなくて。便利やったんやけど、絶対会社に帰って契約書まとめたり日報とか書かなアカンかったんですわ。当時は手書きやったかワープロやったか忘れたけど。量が多くてな、堪らんかったですよ。しょっちゅう残業で、終わるの遅くなるから結局、オレ会社の近くに引っ越したんですけどね」

よく残業があったんですね。平均すると帰るのは何時ごろですか？

「平均したら……二十二時ごろかな。もっと遅くなることもありましたわ。まあ、あそこら辺は繁華街やから、ご飯食べて帰れるし便利やけどな。

ほんで、その日もめちゃ書くものあったんです。前日、ちょっとサボってたから、契約書まとめるのがいつもの倍の量になってもうて。二十二時半くらいになった時点で、これもうアカンな、今日はめちゃ遅くなるわ思って、諦めたんですわ。自分のデスクが壁沿いにあって、その向かいの席にもうひとり同僚が残ってたんです。

『Bさん、帰らへんのですか?』

そうやって聞いたら椅子、くるって回転させて、Bさん言いますねん。

『アカンわ、オレもなかなか終わりそうにないわ』

そう聞いて、ふたりで苦笑いしとりました。

ただ黙々と作業してたんじゃなくて、ときどきしゃべったりしたんでっせ。

『お腹空きましたねえ』とか『ラーメン食べたいわ』とか。ひとり言みたいに。

そのうちもっと遅い時間になって。ぼく、大きいあくびしたんですわ。

『Aさん、眠いんちゃうん?　帰らへんの?』

『どないしようかな思うて。もう仮眠室で寝るか、悩み中ですわ』

『家、近いんでしょ？　布団で寝たほうが疲れとれますよ』
『そりゃそうですけど明日、朝礼でなアカン日でしょ。帰るの面倒くさくて』
『二十二日の夜に事故あるから、気をつけたほうがいいですよ』
そういって作業続けてるんです、Bさん。
ぼく（ん？）って、きょとんとしたんです。
『あの、いまなんて言いました？』
Bさんは椅子をくるっと回して、ぼくのほうを見て言いました。
『いや、二十二日の夜に事故あるから、気をつけたほうがいいですよ』
また椅子、くるっと回して机に体を向ける。
（んん？　ん？　ぼくが頭働いてないから、わからんのか？）
どういう意味やろ、思って考えこんだんですけど、やっぱりわからないんですわ」
その夜って、何日だったんですか？
「二十二日の夜ですわ。でも零時をすぎてたから、正確には二十三日やけどね」
ん？　どういう意味でしょう？
「せやろ、そうなりまっしゃろ。ぼく、しばらく考えてもういっかい聞いたんです。

『Bさん、それどういう意味ですの？　事故ってなんですか？』
『二十二日の夜に事故あるから、気ぃをつけたほうがいい。そんだけの意味』
あ、これはぼくが疲れすぎて、もうおかしくなってきたんや、思て。
『Bさん、ぼくやっぱ仮眠室で寝ますわ。先休ませてもらいます』
ほんで作業もそのままにして仮眠室に移動、爆睡しました」
Bさんは作業を続けていたんですね。
「はい、仕事してました。
目覚まし時計があったんでセットしていたんですけど、ちょっと寝坊して。
起きたら八時四十分、九時から朝礼なんで慌てましたわ。
髪の毛だけ整えてオフィスいったら、他の同僚がこんなこと言うんです。
『聞きました？　昨日の夜、Bさん事故で亡くなったんですよ』
もちろん、は？　ですよね。
『いやいやいや。一緒に残業してたで。Bさんと違うやろ』
でもみんなは間違いない言うて、真っ青なんです。
『Bさん、昨日、夜十時ごろ車に轢かれて亡くなったんです』

『違うって。Bさんとオレ一緒におったもん。なんかの間違いやって』

『Aさんが勘違いしてますよ。Bさん、昨日は定時に帰ってますし』

『帰ってへんって。夜、ずっと一緒に――』

自分で言うといて、あれ？　ってなったんです。

そういえばBさんっていつからデスクに座ってたか、思いだしてもわからんのですよ。最初から座っていたか。途中から座っていたか。

何時にBさんが座ってることに気づいたのか。ぜんぜん思いだされへんのですよ」

Aさん自身は定時の時間に、会社へもどってましたか？

「多分、もどってました。でも作業があったので、周囲をあんまり見てなくて。

朝礼で上司もBさんのことを言うたので、あ、これマジや、思て混乱しました。

朝礼終わってからも、ずっとその話してて。そしたら上司が『お前誰かと間違えとるねんて。そこまで言うんやったら、あれで確認してみたらいいがな』言うて、監視カメラ指さすんです。当時の監視カメラはタイマー式のビデオカメラやったから、カセット巻きもどして、みんなで確認したんですわ。時間は零時ごろ。再生したら」

Bさんは映っておらず、あなたがひとりでしゃべっていましたか？

「そうやない。確かにBさんのデスクには誰も座ってなかった。でも、ぼくの席にもぼくが映ってなかった。間違いなく昨夜録られた映像やのに、ふたりとも映ってない。その代わり、Bさんの机に向かって——ぜんぜん知らん黒い男の人が立ってた」

「不安がベース」

「わ、私にだけ視えなかったんですけど、このままだと、なにか起きますかね？」

ん？　なにがですか？

「ひ、火の玉です。ま、松戸の霊園で、みんなには視えて、みんなは騒いでたのに
あなたにだけ視えなかったんですか？　火の玉が。

「そ、そうです。こ、これなにかの祟りとかありますか？」

いやあ……視えないのが普通だと思うんですが、なぜ祟りがあると思うんですか？

「だ、だって、みんなには視えてるのに、そ、そんなのおかしいじゃないですか」

どうでしょうか……大丈夫だと思うんですけど。

「そんな、思うですなんて、ふ、不安」

京都の心霊スポット、○○ホテルってところがありまして。そこにいって自分だけ幽

霊視えなかった。そう仰ってる方いましたね。四人中、三人は視えたそうです。

「そ、その視えなかった人、ど、どうなりました？」

ぜんぜん無事ですよ。帰るとき家がいちばん近かったので、最初に車を降りたんだったかな。その直後に事故を起こして、他の三人は大怪我をしていたはずです。だから、怖がらなくて大丈夫です。むしろ安心ですよ。

「じ、自分だけ助かったなんて、す、すごく不安になる話です」

「なわとびの少女」

ではU子さん。取材を始めますね。まず、いつのお話ですか？

「小学五年生のころです。同級生のS美ちゃんと親が家に来て。ご飯を食べてたので夜の七時だったと思います。すごく怒っていて。ウチの親もびっくりしていました。

『これ、あんたの娘か？』

玄関先で怒りながら見せてきたんです。パカパカの携帯、画面に映った動画」

動画？　どんな動画ですか？

「画質が粗くて、わかりにくかったんですが。カーテンが映ってたんで、家の二階の窓から撮ったような家の前、道路が映った動画です。塀の門扉のところ。ポストとかある入口ですね。そこに小さい影が映っていて、その影が動いている動画です」

その影がU子さんではないかと、あちらのご両親は仰ってるんですね。

「はい。動画を再生する前に、撮った時間が表示されていたんですけど、朝の四時で真っ暗なんです。暗いから余計に画質も粗くて。父親も母親も目を細めて動画を見ていたんですが、ハッキリわからなくて。私本人に『お前か？』と尋ねてきました。

違うって答えた瞬間、またS美ちゃんの親が怒鳴りだして。

『正直に言いなさい。これ、キミだろ！』

もう一度、違うって答えたらS美ちゃんが言うんです。

『……やっぱり、U子ちゃんじゃないと思う』

『あん？　さっきはU子ちゃんだと思うって言ったじゃないか。どっちなんだッ』

そんな言い合いが始まったんです。どういう状況かわからず困っているとウチの父が『まあまあ、ちょっと落ちついてください』って、なだめて家に入れたんです」

お父さん、優しいですね。それからS美さんの両親から事情を聴いた。

「はい。夜が明ける前に、S美ちゃんの家のインターホンが鳴るらしいんです。応答画面で見たら、インターホンのカメラから離れたところに女の子が映っていて。その子、なわとびしてるらしいんです。暗い道でぴょんぴょん跳ねながら。

S美ちゃんのお父さんが当然、S美の友だちか？　と思って。四時とはいえどまだ夜ですからね。注意しようと、お父さんが外にでるといなくなってる。

毎晩ではないんですが、もう何日も続いて困っていたらしいんです。

それで携帯のカメラで撮ってやろうと、インターホンが鳴ったら二階の窓から撮った

――それが見せてきた映像だったんです。カメラの画質のせいで、なわとびをしているようには見えなかったんですけど。それでも撮れた映像をS美ちゃんに見せて追及したら、親の勢いに圧倒されちゃって。なにか答えなくちゃと思い『もしかしたらU子ちゃんかもしれない』と言ってしまったために、ウチに来たようなんです」

なるほど。いい迷惑ですね。

「警察に相談したら、ただの子どもの悪戯だろう、パトロールを強化するとだけ言われて片付けられてしまったみたいです。だから、もう自分たちでその子を捕まえようと思い、とりあえず動画を撮った。こんな感じの流れです」

インターホンを鳴らして、なわとびをしている女の子ですか。不気味ですね。

「私はそれ以上のことはわかりません。話はそれだけです」

このS美さんは現在、交流はありますか？

「いや、ないです。でも、いまも同じところに住んでいると思います」

連絡とれないですか？　S美ちゃんと。

「いますぐは無理ですが、他の同級生に連絡先知っているか、聞いてみます」

ありがとうございます。わかったらまた連絡をください。お待ちしています。

「少女は笑っていた」

「ああ、あんたがそうなの？　思ったより若いじゃん」

はあ、すみません。U子さんから紹介頂いたS美さんでよろしいですか。

「そうだよ。悪戯のことでしょ。正直、覚えてないんだよね、そのときのこと」

深夜というか早朝というか。その時間にインターホンが鳴ったのは覚えてますか？

「覚えてない。ワタシ寝てたもん。いっかいも聞いたことないわ」

なるほど。では、お父さんはそのときのこと覚えてますか？

「父？　父はもう死んだよ。病気で。母なら覚えてたよ」

では、お母さんとそのときのことを話しました？　どう言ってました？

「母は怖かったって言ってた。近づいてたから」

近づいてた？　どういう意味ですか？

「まずインターホンが鳴って、リビングのインターホンの画面つけるでしょ？」

応答画面ですね。はい。

「そう。応答画面。それ見たら女の子がなわとびしてるの。最初はそれだけだったんだけど、ちょうどU子ちゃんの家にいった後くらいかな。ちょっと変化があって。なわとびで跳びながら、画面に近づいて来てたんだって。笑いながら。キモいよね」

それっていつまで続いたんですか？

「多分、Tの家にいくまでだよ。いきなり来なくなったって」

多分？　T？　Tって誰ですか？

「えっとね、ウチでは結局捕まえるのを諦めて、インターホン替えたの。音量が調節できるやつ。それで無音にもできるから音を鳴らなくしたんだ。そのせいでどれくらいの期間来ていて、いつからいなくなったか、わからない。だから多分なの」

なるほど。で、Tさんというのは？

「Tは、U子とわたしとは別のクラスにいた子。その子の家になわとびをする子が来てるって本人から学校で聞いた。こっちはその子になにも教えてないけどね。たまたまそういう話になって教えてくれたんだ。それもウチと同じように、朝方みたいなこと言ってた気がするけど、もう覚えてないや。とりあえず、変な悪戯するキモい子が近所にいるんだって思ってた。それだけ」

なるほど。そのTさんは家が近いってことですよね。

「近いよー。いってみたら？　ウチみたいにゴミ入ってたかは知らないけど」

ゴミ入っていた？　どこにゴミが入っていたんですか？

「ポスト。多分、その女の子が入れたんでしょ」

ゴミって、どんなゴミですか？

「知らない。ゴミとしか聞いて……いや、聞いたな。糸くず？　糸くずのカタマリだったかな。忘れた。ワタシ見てないし。地図アプリある？　Tの家教えてあげるよ」

「少女と麻紐の毬」

「Tはもうここにいません。残念ですが別のところにおります」

あ、そうだったんですか……どうしようかな。

「どのようなご用件ですか?」

えっと、Tさんのお母さんですか? ちょっと調べていることがありまして——。


「どうぞ、お座りください」

どうもすみません。ありがとうございます。

「朝方の呼び鈴の件、私は覚えています。男連中のやることとはいえ、残念です」

呼び鈴……あ、インターホンですね。残念とはどういう意味ですか。

「誰かが始めたことです。わざわざ、あんな物を持ってくるとは」

あの……すみません。どういうことでしょうか？

「呼び鈴、毬のことですよね」

毬？　「なわとびじゃなくて、ボールみたいな毬ですか？

なわとび？　ああ、あの子ですか。あの女児が何者かは存じません。あれは毬そのものかもしれません。おそらくE家から来たのでしょう」

E家？　S美さんの家からこちらに来たのではないのですか？

「……あなた、誰からこの家の紹介を？」

いや、あの……S美さんから聞いてきました。ちょっと話が見えないんですが。

「……」

早朝にインターホンが鳴って、なわとびをした女の子が家の前にいる。その子は最初、S美さんの家に来ていたが、そのうちいなくなった。それからしばらくしてS美さんがTさん本人から聞いたのは、この家になわとびの女の子が来るようになったこと。私が調べたことをおおまかに説明すると、こういうことです。

「あなた、調べきれていませんよ。ポストに入っていた毬のことは聞きましたか？

おそらく女児は、この家にくる前に二軒ほど別のお宅を移動しているはずです。あなたの会ったS美さんも他の二軒も、この家も、血筋というだけで毬を受けてしまいました。こちらでは誰にも渡さなかったので、それでもう止まったと思います」

すみません、調べ切れていなくて。毬ってなんでしょうか？

「本家の誰かが渡してくる毬です。毬といっても、麻の紐を丸めただけの物ですが」

麻紐の毬？　それを最初にE家という家が渡してきたってことですか？

「そういうことです。これ以上はもう説明しかねます。なにぶん身内のことですので」

じゃあ、最後にひとつ。毬、なわとびの女の子は人間じゃないんですか？

「身内のことですので。お引きとりください。イヤでしょう？　お宅に女児が来たら」

「まとめと中止」

「もしもし。どうでしたか？　動画の話は？」
U子さん。調べたんですが正直チンプンカンプンでした。とりあえず動画の影は早朝に子どもが本当にいたようですね。情報をまとめるとこういうことです。

E家という家が原因でこれが始まっている。E家がどこの人たちなのかは不明。
不気味な女の子はオマケみたいなもの。なわとびで笑って近づいてくる。
少女が現れるだけでなく、ポストになにか入ってる。この情報もほとんどない。
入ってるのは毬と呼ばれる物で、丸く固めた麻の紐。と、思われる。
毬をS美さんは糸くずと表現。ここは多分、記憶違いでそう言ったっぽい。
おそらくS美さんの家とTさんの家は親せき同士。

本家が別にあって、毬は本家からS美さんの家に送られた。本家はE家のこと？

そのあと毬は二軒の家を移動。どう移動したか不明。誰かがポストに入れた？

最後にTさんの家に移動して、女の子も毬も消滅した。と思われる。


まあ、こんな感じですね。意味わからないでしょ。

「Tさん？　Tって私と同じ学校のTですか？」

あ、そうです。別のクラスのTさんです。Tさんとは会えませんでしたけど。

「やだ……あの、Tは亡くなっていますよ。小学生のときに」

え？

「話題になったんです。TとTさんの両親が無理心中したことが。

そのあとS美のお父さんと町内の男の人ふたり、立て続けに自殺したんです。このふたり、私は知らない人ですが全員、紐で首をくくって亡くなっているはずです」

S美さんの父親は病気で亡くなったのではなく、自殺ですか？

あれ？　Tさんだけでなく、Tさんの両親も亡くなってる？

じゃあ、私が話を聞いたのは誰だろ？　Tさんの母親かと思っていましたが。

「確かにあの家、誰か住んでいますね。Tの親せきかもしれません」

これヤバい話ですね、どうも毬は人間が運んでポストに入れてるっぽいですし。

「私が調べて連絡しましょうか？」

いや、もういいです。縁起が悪そうなので。この件の取材は中止します。

語りに落とすのも難しそうです。本に書いて情報を待つぐらいでいいです。

「そうですか、じゃあ、もしなにかわかったら連絡くださいね。

あ、インターホンが鳴った。誰か来たので切りますね。失礼します。さようなら」

「塊魂爆誕」

「以前、よく飲み会をぼくが企画して、みんなで集まっていたんです。花見、納涼会、バーベキュー、忘年会。大体三カ月くらいのペースですね。何度か妙なものを見たことがあるんです。飲み会の最中にそういうの見た話とかありますか？」

飲み会のときですか。どうでしょう。なにを見たんですか。

「黒いモヤというか、煙というか。そういうのです」

それはどんな感じのものですか？　霧のような塊とか？

「例えるなら……そうですね。焼肉食べにいって火力を強くしたまま、焦げた網に肉をのせると一瞬、揺らめきながら黒い煙が立ち昇るのわかります？　あんな感じです」

わかります。上手い例えですね。

「あれがもっと濃くなったような丸い……丸くはないか、ひと塊になったような。それが天井の付近で揺らめきながら、あっちに移動したり、こっちに移動したりして」

なんとなく人魂みたいなイメージですね。

「あ、そうですね。人魂みたいなものです。人魂は視たことありませんけど」

それが宴席に浮遊しているんですね。視えるのはあなただけですか？

「そうですね。基本的にぼくだけです。

でも、それが浮いているとき何度か、天井を見上げている人はいました。

『……どうしたの？　天井になんかある？』

そう聞いても返答は気のせいとか、虫が飛んでるかと思ったとか。多分、意識していないだけで、目の端ではみんな捕えてると、ぼくは思っています」

その黒いものは浮いて、うろうろしているだけなんですか？

「いえ、いなくなります。ずっといたことがないです」

そもそも黒いものが発生するのはいつだと思いますか？

「それもわかりません。気がついたらいるんです。一体どこから来ているのか」

実は私、同じような話を別の体験者から聞いたことがあります。その黒いものが現れるとき、ある特徴のある人物が席にいる場合が多いと、その方は仰ってました。

「特徴のある人物ですか？　怪談好きとか？」

ふふ。怪談好きにも多いです。でも、一般の方にもたくさんいます。

みんなで飲んでおしゃべりしているのに、ひとりでスマホを眺めている人物です。

「ひとりでスマホを眺めてる……ああ、いますね」

ひとむかし前だとガラケーで、もっと前だとそっぽを向いている人物でした。

そういう人がいると、黒いものが現れるという話を聞いたことがあります。

「そうなんですか。その人たちはなぜスマホなんでしょう。せっかく来てるのに」

私もよく飲み会をしています。ので、わかるのですが。飲みの席で話にも参加せずスマホを見ている人はいくつか理由があると思います。急いで調べものをしなきゃいけない超多忙な方か、みんなで楽しむという場の共感性に欠けるか、つまらないアピールか、思っていたのと違うか。大体こんな理由っぽいです。

「思ってたのと違うというのは、どういう意味ですか？」

見てきた中では、自分が主役になれると思っていた、というのが多いですね。

話の輪の中心になれないだけで、つまらなくなってしまう。そんな場が欲しいなら、自分で飲み会を企画すればいいだけなのに、それはしない。というか、できない。

なぜなら、そんな心根の人が飲み会をしても集まりが悪いか、誰も来ないから。

みんなバカではないですからね、酒が飲めるという理由だけで集まりません。面白いから、楽しいから集まって輪を作るんです。それがわからないんです。自分は偉い、こんな扱いされるはずではない。その自尊心が肥大した結果、大勢の中でスマホと見つめあい、さらに自尊心を肥大させていく。もしかしたら浮いている黒いものは、そういう人から現れて、そういう人の中に消えているだけかもしれませんね。

「じゃあ、その黒いものをなんと呼びましょうか。名称をつけてください」

性根の腐った根性のウジウジした塊が魂になったので「塊魂」でいきましょう。

「朝はバタバタ」

「ああ、もう！　お母さん、学校遅刻しちゃうよう」「昨日、夜更かしするからでしょ。なんでいつも計画性持たないの」「起こしてって頼んだでしょ！　なんで起こしてくれないの！」「起こしたわよ。でもあんたが起きなかったんでしょう」「ああ、アイロン！アイロンかける時間ない！　もう！　ああ！　シワがよってる！」「それも昨日の夜かけたら？　って言ったよね」「もう！　いまそんなこと言っても、どうしようもないでしょ！」「ほら、朝ご飯食べて」「ああ、だめだ！　髪が直らない！　この前の休みの日、床屋に行けば良かった！　もう！　はねてる！」「いいから朝ご飯食べて。これ、お父さんの仏壇にお供えして」『ヤバい！　時間ない！　はい！　これお父さんのご飯！』「こら！　仏壇にそんな置きかたありますか！　早くご飯食べて」「そんなの食べてる時間ないって！　もう！」「もう、せっかく作ったのに！　じゃあパン持っていきなさい」「はいはい！　ありがと！　もういくね」「はい、いってらっしゃい、車に気をつけて」「いってらっしゃい」「いってきます！　わあ、遅刻だ、遅刻！」

「仕事部屋のひとり言」

「あと……ここは……線を伸ばし……ここを放置……この空間だけ……文句言われても……すぐに書き直せる……こうしといて……ライン引き……腹減ってきたな」


「あら。終わったの？」

「腹減ったから休憩しにきた。肩こった。お風呂入りたい。仕事辞めたい」

「今回の仕事、はかどってないんでしょ？　あなた、仕事の進みが遅いとき、文句が増えるのと、仕事部屋からのひとり言が激しくなるのコンボだから。お腹空いた？」

「お腹空いた。なんかある？」

「インスタント麺、パスタ、凍らせてるカレーかな。ご飯炊かないとダメだけど」

「牛丼。牛丼が食べたい。まだ開いてるかな、牛丼屋」

「まだ夜の十一時だから、そこのチェーン店は開いてると思うけど。作ろうか？」

「いい。食べてくる。コンビニで煙草買いたいし。散歩がてら、いってくる」

「うん。わかった。気をつけてね」

「一緒にいく？　それかなにか買ってこようか？」

「じゃあ、ヨーグルトお願い。もうすぐ観たいドラマ始まるから待機してるー」


「ただいま。コート羽織ればよかった。思ったより日本の気候は寒かった」

「…………」

「どうした？　なにその顔。なんでテレビ、消音にしてるの？」

「しぃー、聞いて……なんか声しない？」

「声？　なんだよ声って」

「そこ。あなたの仕事部屋。そこから声がするんだけど」

「……え？」

「動画かなにか再生してる？　ふたりで話してる声なんだけど」

「してないよ。ホントに聞こえる？」

「しぃー。静かに聞いて」
――ばっかりじゃ息が詰まると思うのねこれってさ人生としてセレブじゃなくね
「……あ、聞こえる。女の人？　なんで？　この仕事部屋からだよね」
「ふたりいるの。もっと聞いて」
――つーって結局ワケわかんない人たちに時間持っていかれるじゃん意味あるの
――ワケわかんない違う甘えよなに言ってんの時間は関係なくね大事なのはハート
「……ギャル？　ギャルだな。オレの仕事部屋からギャルの声がする」
「若い娘だよね。どうするの？」
「怖いよ。開けてよ。酔ったギャルが間違ってオレの仕事部屋に入ったんだよ」
「そんなワケないでしょ。あなた開けなさいよ」
――ピュアだから仕方ないって感じじゃねガチマジメでなんだかんだ言って一途
――一途とかおっさんでヤバくねちょっとくらい遊んでるほうが仕事もしっかり
「やだよ、怖いし。あ、パソコン触られたらどうしよ」
「なに言ってるの、そういう問題じゃないでしょ。いいから開けなさいよ」
「オレさっき保存したかな？　お願い、データ消さないで、お願い」

「いいから開けなさいって。仕事のデータ消されちゃうかもよ」

「わかったよ、開けりゃいいんだろ、じゃあいくよ、開けちゃうよ」

――ヤバいのはずっと引きこもりみたいになって人間関係つくれなくな
「失礼します！　ここオレの仕事……あれ？　誰もいない」

「……いないね。声も消えた」

「ああ、良かった気のせいだったんだよ。近所の人の声だったんじゃないの」

「……あなた、それ。それってなに？」

「それって……ああ、ライブハウスの写真。今回の仕事、ライブハウス改築の設計だから。この写真は改築前の、ライブハウスが営業中の写真。照明とかの位置が……」

「踊ってるギャルふたりが写ってるね、もしかして、話し声の正体ってこれ？」

「呪いの眼鏡」

「呪物ってなにか持っていますか？　呪われたいわくつきのアイテムです」

いや、持ってないです。怪談師の田中敏行さんが、お詳しいみたいですよ。

「知ってます。田中さんすごいですね。体を張ってますよね」

素敵なかたでしたよ。呪物、なにか持っているんですか？　ご興味が？

「とんでもない。最近観たアニメにハマってまして。そこから好きなだけです」

ああ、呪術を使うアニメですね。流行っていますね。

「でも、私の父がそういう物を見たことがあると言っていました」

ほう。どんな呪物ですか？

「眼鏡です」

眼鏡？　眼鏡って私がかけてるような、こういう眼鏡ですか？

「はい、その眼鏡です。眼鏡お好きですか？」

眼鏡女子は好きですが、それ以外は特に興味ないですね。

お父さんが見たことのある呪物眼鏡はどんないわくが？

「父は近所に住む老人が持っていたと言っていました。かけると、目が見えなくなる眼鏡です。詳しいことはわかりませんが、戦時中の兵隊か憲兵かが取りあげて、捨てていった物だったそうです。丸い形のレンズの眼鏡だったらしいですよ」

眼鏡なのに失明。とんでもないですね。誰かかけたんでしょうか？

「父が子どものとき、その老人から見せてもらったらしいです。。想像力豊かな父は、なんて恐ろしい物を持っているんだと、震えあがったそうです。ところが一緒にいた友だちのひとりは老人も眼鏡のこともバカにして笑い飛ばした。頭にきた老人は『じゃあ、お前かけてみろ』って渡した。友だちはかけたそうですよ、その眼鏡を」

失明しましたか？　その友だち。

「いいえ、眼鏡をかけてテレビで流行っていた芸人のダンスを踊っていたそうです」

誰のダンスか気になりますが、目は無事だったんですね。失明しなかった。

「失明はしていません。ただその友だち、その夜に自宅で目が赤くなっているのを親に指摘されて、救急病院に運ばれたそうです。酷い炎症を起こしていたそうで。

翌日、両目に包帯を巻いた友だちが、母親につれられて教室に入ってきた。それを見て、父はあの眼鏡のせいだと信じて疑わなかった。

それでも数日もすれば包帯もとれて、普通に見えるようになったそうですが」

数日間だけとはいえ、怖いですね。老人は何者だったんでしょうか。

「もう流石に生きてないだろうし、関係ないとは思うのですが……その老人、元日本兵で片方の目は義眼だったそうですよ」

「ねこかいわ」

「わたし、猫と会話する人、見たことあるんだよ」

猫と会話する人？　そんなの結構いるんじゃないの？

「いないよ。なに言ってるの？　大丈夫？」

いるって。ミーちゃん、どうしたのー？　みたいに話しかけるやろ。

「あー、そういうことね。でもね、それはね、一方的に話しかけてるでしょ」

まあ、そうだね。相手が言葉を理解してるかどうかはお構いなし。

「そうじゃなくてね、会話。ちゃんと話してるってことね」

猫のほうも人間に話しかけてるってこと？　人間も猫の言葉を理解して？

「うん、そう。そういうこと。見たことあるよ」

ホントか？　なんて言ってたの？　猫のほうは。

「わからないよ。だってわたしね、猫語わかんないもん」

良かった。ちょっと安心したよ。それ会話してたのって誰なん？

「わたしのママだよ」

また不安になってきた。お母さんはよく猫にしゃべっ……というか会話してたの？

「してたよ。でも猫としゃべってるときね、ママね、語尾にニャンってつけてた」

お母さん猫語よりの日本語やねんな。ちょっと面白い。

「そうでしょ。面白いよね。でもね、いっかいね、こんなことがあったの。

バイト終わって家に帰ったら、ママね、すっごいケンカしてるの、ウチの猫と。猫も怒ってね、シャーとかフーとか言いながらね、ウヴァーオーとか言ってるのね。ママはね、そんなこと絶対に止めないとダメだニャン！　とか怒鳴ってるの。

ちょっと、大丈夫かなと思ってね、ママ、なにしてるのって部屋入ったらね、ママの横にいた猫がぴょーんって逃げていったの。

それで、話聞いたらね、ウチの猫が、あ、ウチの猫って結構、家と外を出入りできたんだけどね、そのウチの猫が外で他の猫が、今度あそこの病院が火事で燃えるから楽しみって言ってたのを聞いたって、ママに言ったらしくてね、なんでその猫にそんなことわかるなら注意しないの、その病院の患者さんとか火事で火傷とかしたらどうするの！　って怒ったって。そう言って怒ってたの」

うん、ちょっとわかりにくいな。

猫は病院が火事になることを知っていた？　他の猫から聞いて？

「そう、そういうこと。外で他の猫が知ってたってこと。これって怪談？」

怪談……かな。むかしから猫が話したって話は、日本だけじゃなく世界中にあるし。

「じゃあ、この話ね、使ってもいいよ、本とかイベントで」

ちょっと待って。燃えたの？　その病院やっけ？　ホンマに火事になったん？

「病院？　なってないよ、燃えなかった」

じゃあ、ダメじゃん。

「なんで？　良かったじゃん。火事にならなくて」

火事にならんかったことは良いことやけど、怪談としては成り立ってないだろ。

「そうなの。他の関係ないお店が火事になったの」

関係ないお店か。病院じゃなかったけど、火事はあった。

「うん、そういうこと」

じゃあ、猫語はあんまり理解できていなかった、ってことね。

「ママもそんなこと言ってた。病院じゃなかったことがショックだったみたい。ママは、わたし猫の言葉わかってるつもりだったんだけどな……って落ちこんでた」

ちなみに火事があったお店は、なんのお店？

「美容院だったの。病院じゃなくて。猫語ってむずかしいねえ」

ん？　あれ？

「どうしたの？」

それってお母さん、やっぱ猫の言葉を理解してるんじゃない？

「理解してないよ、だから間違ってたし、ショックだったんだよ」

いや、そうじゃなくて。病院、美容院、病院、美容院、びょういん、びよういん。

「……あ」

「迫りくる凶兆」

「帰ってきてから、変な夢をやたら見るようになったんだよね、トシキ」

「きゅいいん、みたいな。チューナーを回す音がして、スピーカーから声がするんですよ。『トシキ、家に帰れ』みたいな。他にもなにか言っているんですが、聞きとれない。育った実家はあるけど、誰も住んでいないんです。もどって来たばかりで、なんでまたすぐ帰らなきゃならないんだ、と思って。気持ち悪いので細かくは話さなかったんですけど、朝起きたらまた変な夢見たべって、コイツに報告はしていたんです」

「同じ夢ばっかり見るなんて、そうそう聞く話じゃないから。亡くなったご両親が家に住んで欲しいんじゃない？　みたいなことをトシキに言ってたんですけど」

「ぼくにも仕事があるもんですから、簡単に引っ越しなんかできないので」

「そのうち夢の内容が変わったんだよね」

「うん。もっと怖い夢に変わったんです。通夜があって。誰かが横たわっているんです。顔に白い布がかかっていて誰かわからないんですけど。その遺体の横に両親が座ってこっちを睨んでるんです」

「トシキが見ているその夢を、私も見るようになったんです。誰かわからない遺体があって、亡くなったご両親がいて、トシキがいる。そのうしろに私は立っているんですけど。なんかめっちゃ怒られているわーって思いながら、トシキを眺めている夢なんです。でも夢を見たことを、私はトシキに言わなかったんです」

「ぼくはぼくで夢が続くんで怖くなって。兄妹に連絡したんですが電話でないし」

「そしたら、あの子が車の玩具で遊びながらトシキに言うんだよね」

「うちの四歳の長男です。ぼくたちがテレビを観ている横で、車の玩具を床に走らせて『ぶっぶー』とかエンジン音口ずさみながら遊んでいるんです。『ぶっぶー、いそげいそげー、ぶっぶー、トシキ、すぐ家に帰れー』って。ぼく、ぎょっとして長男に聞いたんです。それ、どこで聞いたのかって」

「そしたらあの子『夢でパパのお祖母ちゃんが言ってた』って笑うんです」

「そこで初めて通夜の夢の話をしたら、コイツも同じ夢を見たとか言いだして」

「なんか普通じゃない気がして、怖くなってきたんです」

「誰もいない家にいかなきゃいけない理由ってなにがある？　って考えたんです」

「火事とか、泥棒とか。トシキと思いつく限り、いろいろ話していたら」

「長男が笑って『違うよお。お姉ちゃん、倒れて動けないんだよお』って」

「人助けしたい気持ち」

「ごめん、コンビニのレジ混んでた。はい、コーヒー。じゃあ、出発しまっす」

「……なんか電話あって。確認して欲しいことがあるとか、いってたっス」

「ん、だれから？　客？」

「遠くに住んでるやつっス。何年か前、同じ会社で働いてました」

「友だちか。確認ってなに？」

「いって欲しいところがあるって。いますぐらしいっス」

「いますぐ？　いまはムリだよ。故障した機材の客、待っているんだから」

「そうっスよね。でも、なんか普通じゃなかったっス」

「このあと待ち合わせしてる修理班乗せて客んトコいって、そのあとは取引先の部長さんに会わないといけないから多分、終わるの遅くなるよ。悪いけど」

「……そうっスよね。じゃあいいっス」

「いくって言ったの？　営業の外まわり、そんな自由に動けるわけじゃないから」

「先輩に聞いてみるから、あとで電話かけるっていったっス」

「……その友だち、大丈夫かよ。困ってるの？」

「かなり困ってましたっス」

「そっか……まあ、助けてやりたいけど、こっちも仕事だから。お、修理班いるわ。車停める。あれ？　電話だ。取引先の部長さんからだ。あ！　もしもし！」

「ん？　会社からっスね。なんだろ。はい、もしもし」

「ちゅーす。おふたりともお疲れさまでーす。オレたちうしろの席乗りますねー」

「……はい、わかりました！　いえいえ、とんでもない。失礼します！　はい！」

「……あ、わかました。先輩にも伝えまっス。失礼しまっス」

「なんか部長さん、体調悪いから今度にしてくれって。予定キャンセル」

「こっちも客から会社に電話あったらしいっス。機材直ったからもういいらしいっス」

「えー？　なにー？　もしかしてオレたちの修理するものもうないのー？」

「そういうことだ。予定消えたから、お前たちの次の現場送るわ。どこ？」

「えー。困ったなー。実はオレたちもーこのあと全部キャンセルになったんですー」

「珍しくキャンセル続きか。こんなことあるんだな。会社帰ろうか」

「あの、さっき言ってた友だちのところにいくのとか、ありっスか？」

「ん？　そうだな。別に構わないよ、困ってるなら。みんなでいくか。場所どこ？」

「いま聞くっス。ついでにその理由も。あ、もしもし、トシキ？」

「死を待つだけの部屋」

では多少聞いてますが、改めて体験をお願い致します。

「はい。私が二十代後半のとき、入院していた母が亡くなりました。

当時、もう兄は結婚していたし、私はマンションで暮らしていました。父は私が二十歳のころ、事故で亡くなってますので、家族は兄だけです。

母がひとりで暮らしていた戸建てをどうするか、葬儀が終わってから兄と話しあい、将来どちらかが住むとしても、一度荷物を整理しようということになりました」

お兄さんはどこに住んでいたんですか？　お近くではなかった？

「遠いです。仕事の関係で兄は北海道に住んでいました。

二カ月後に休みをとり、一緒に家を片付ける約束をして帰っていきました」

必要な物、処分する物。確かにおふたりでなら判断できますものね。

「はい。空港まで兄を見送ったあと、実家と私が住んでいるマンションが近かったこともあって、私はなんとなく家によることにしました。

家は二階建て、かなり広いです。そのうえ、母はきちんと整理整頓をする人だったので、ずいぶん片付いていましたが、玄関の横に荷物がふたつ、置いてありました」

それが問題のダンボール。ふたつですよね？

「はい、ふたつです。入院しているときに母の身のまわりの物をとりにきたことがあったので、その荷物、ダンボールのことを私は知っていました」

サイズはどれくらいだったのしょうか。

「ひとつは長方形のもので幅は六十センチくらいでしょうか、高さは私の身長を超えていたので百六十センチ以上です。もうひとつは一メートルと一メートルの正方形。どちらも厚さはそこまでない平らなものです」

どちらもそこそこ大きい。重量はどれくらいですか？

「かなりありましたね。私が持ちあげることはできないほど重たかったです」

中身はなんですか？

「大きな組み立て式の家具、戸棚です。ダンボールが届いた日に、母は倒れて入院することになったので、その戸棚を組み立てるどころか、開封することもできませんでした。なので、そのまま玄関の横に置かれていたのです。入院しているとき、物置部屋の片づけをするために買ったといっていました。

そのダンボールが邪魔だと思って、私は一階の物置部屋のドアの前に運びました。長方形のものから引きずり、物置部屋の前の壁に立てかけ、次に正方形のものを引きずっていきました」

長方形のダンボールの次に、正方形のダンボールを移動させたんですね。

「そうです。ふたつ重なるような感じで立てかけました。すごく重かったです。そしてドアを開けて物置部屋を覗くと、母が戸棚を組み立てる準備をしていたのでしょう、父の私物が入った箱や衣装ケースが部屋の壁沿い、左右によせられていました。衣装ケースの上に、むかし兄と私が大事にしていた古い小さなラジオがあって。それを手にしたとき、うしろで半開きになっていたドアがひとりでに」

ばたんッ！　と閉まったんですね。驚きましたか？

「動きを止めて一時停止しましたが、すぐにイヤな予感が湧き上がってきました。ラジオを持ったまま、すぐにドアを開けようとしましたが、ビクともしません。

あれ？　おかしいな、鍵なんかついてないのに。

そう思いながらノブをひねり、ドアを押しました。やはり動きません」

状況ってすぐにわかりましたか？

「ドアが閉まる寸前、短かったですが、床を擦る音がしましたからわかりました。ダンボールがドアの方向に倒れたんです。それに力がかかり、ドアを閉めているんです。

私はラジオを持ったまま、呆然としました。

物置部屋、出入りできるのはそのドアだけで窓もありません。

携帯電話が入ったバッグは、リビングのテーブルの上です。

この家には私しかいません。完全に閉じこめられた状況になったんです」

まさかの状況ですね。次にした行動は？

「必死で外にでようと、ドアをひたすら強く押しました。数ミリも動きません。ドアはかなり分厚い木製です。ドアノブは細長い、下方向に倒すタイプのものです」

レバー式ですね。タイプによっては厚紙を挿しこんだら開くものもあります。

でも、そういう問題ではなかったんですよね。

「はい。正方形のダンボールが廊下とドアのあいだにぴったり挟まっていたんです。

その上から長方形のダンボールがドアを押さえています。開くはずがありません。ダンボールは戸棚の部品である重い木材が、何枚も詰まっているんですから。

私は汗だくになるまでドアを押し続けました。

ドアノブを下ろしながら、頭と肩に全力で体重をかけて。でもまったく開かない。

これは無理だとしゃがみこみ、助けを求めるため、大声をあげました。

物置部屋は玄関から遠くないので、誰かが気づいてくれるかもしれないと思って。

確か家に入ったのは午後五時くらいだったはず。住宅街なので、この時間ならまだ通行人がいるだろうと、何度も何度も大声をあげて助けを呼びました。でも、なんの反応もありませんでした。


さんざんムダな体力を使ったあと、私は状況を考え、先を想像しました。

帰った兄が次にやってくるのは二カ月後です。

普段、親せきの人たちがこの家に遊びにくるという話も、母から聞いたことはありません。当然ですが、玄関の鍵もしっかり閉めてしまいました。

私は独身で彼氏もおらず、マンションに帰らなくても誰も気づきません。

その日は金曜日なので明日明後日、会社は休みです。月曜日になって出社して来ないことを変に思われたとしても、すぐには探さないでしょう。仲の良い同僚がひとりいるので、もしかしたら三日ほど経った木曜くらいならその子が不審に思うかもしれません。でも彼女は私の携帯番号くらいしか知りません。心配して電話くれたとしても、携帯はリビングのテーブルの上です。せめて携帯が手元にあれば電話がかかってきたときに閉じこめられていることを伝えられるかもしれませんが、そもそも携帯があれば助けを呼べるわけで——。

だんだんと考えることがおっくうになってきて、気がついたら眠っていました。

起きて叫んだり、物音を立てるためドアを叩き続けたり、疲れて眠ったり。

どんどん時間が経っていきました。

時計も窓もないので、朝か夜かもわかりません。ずっとドアを押したり叩いていたりしたせいで、肩や腕に青いアザができ、手も赤く腫れあがりました。水も飲んでないので喉が焼けるように痛かったです。

このまま餓死してしまうのか。その場合、発見されるのはやはり二カ月後なのか。

気が滅入ることしか浮かばず悲しかったですが、涙はでませんでした。

家の近くに人が通ったときに物音を立てるしかないと思い、ドアに耳をあてて何時間もすごしましたが、なんの音も聞こえないし、いつの間にか気絶するように眠ってしまっていることが多かったです。起きてもめまいが酷くてつらい。

どれくらい経ったのかわかりません。五日はすぎていたと思います。幻聴や幻覚が起こるようになりました。耳元で『がんばれ』と父の声がしたり、女性や男性の笑い声がしたりしていました。天井のあかりの中に両親の姿が浮かんだりしました。

助かる夢を何度も見ました。ドアがいきなり開いて、微笑んだ母親が顔をだすんです。私が『お母さん。開けてくれて、ありがとう』と言ったところで目を覚ます夢。

食べ物がないか衣装ケースの物を全部だしていたので、部屋は散らかっていました。たいていは父親の読んでいた芥川龍之介や太宰治の本です。

のっそりと起きて『お腹空いた』とつぶやき、ドアに耳をあてようとしましたが、なんかバカバカしくなってきて。散らかった部屋をただ、ぼうっと見ているとアルバムを見つけました。四つん這いになって進み、アルバムを手にとると若いころの父、そして若いころの母の写真がたくさんありました。

『……お父さん、お母さん、ごめん。お母さんのお葬式のあとに死んじゃって。しかもこんな死にかたで……ごめんなさい。もうすぐ、ふたりのところ、いくから……』

そこで限界が来て、床に頭を打ちつけ気を失いました。


大きな音で目が覚めました。誰かがどこかで、叫んでいる声も。うすく目を開けましたが、どこで叫んでいるのか、なんと言っているのか、聞きとることができません。

両肩を持って体を起こされ、ラジオを渡されました。

『なに……だれ？』

ふらふら頭を揺らしていると、だんだんと音と声がハッキリしてきました。物置部屋のドアの外です。多分、玄関を叩きながら『おい、いるのか！』って男性が叫んでいる。これも幻聴かもと思いつつ、立ちあがり、よろよろ、ドアに近づきました。

片手でドアを叩きましたが力が入らず、ぺたんという音がしただけです。

もう片方の手で持ったラジオを数秒見つめて、両手で握りしめました。

ラジオを頭の上にあげると、ドアに叩きつけました。

『おいッ、いるよな！　中にいるんだな！』

尋ねられても、かすれた声しかでません。

『ここに……います』

何度かラジオを落とし、それを拾いあげて、ドアを叩き続けました。

『いるっス！　音がするっス！』

『おい、庭にまわって、ガラスを破れ！』

ガラスが割れる音がして、何人かの足音が物置部屋のドアの前まで来ました。

『ここ……お父さん、お母さん、たすけて』

もう一度、最後の力を振り絞って、ラジオをドアに叩きつけました。

『ここだ！　この荷物！　これ、どけろッ』

床を擦る音がして、ドアが勢いよく開きました。

男性たちの手、太陽のひかり、救急車、病院。ベッドの上で聞かされて驚いたのは数日と思っていたのは感覚のマヒのせいで、実際は二週間も経っていたことです」

駆けつけたのはお兄さん、つまりトシキさんの友人たちですね。

彼らが家にいく流れになった話も不思議な夢の話も、聞いています。

「私も聞きました。あの人たちが来なかったら私、ダメだったでしょうね」

途中で聞こえたり、なにかを視たりしたのは幻聴や幻覚だったとして。誰かに体を起こしてもらいラジオを渡されたくだりがありますね。誰だったんでしょうか？

「意識がぼんやりしていたんで、わかりません」

こんな言いかた失礼かもしれませんが、亡くなったご両親だったと思いますか？

「……そんな気もするし違うような気もします。あんな状態だったのでわかりません。でも、もしそうなら、見守られているような気がして、なんだか嬉しくなります」

本当にそうかもしれませんよ。トシキさんはあなたの話を聞いて気づいていたようですが――閉じこめられているとき、本の著者名や写真、肩の青いアザや手の赤い腫れ、窓もない部屋でいろいろと確認していますよね。天井のあかりと仰っていましたが、トシキさんが言うには物置部屋には電灯なんか取りつけられていないんです。

「カヌーの旅」

「綺麗なのに、いつもは。霧だ。見えないよ、景色や水面が」

「止めてオールを。見て。誰か叫んでる、あそこで。多分わたしたちに。なにかしら」

「彼は違うな、言葉が。なんと言っているのか。ぼくには聞きとれない、彼の言葉が」

「カヌーショップの男の人ね。彼は叫んでるわ、私たちの言葉で」

「きみたちのカヌーは壊れている、穴が開いているんだ。それだと面白いな」

「面白くないわ。彼は言ってる……彼の言葉、違う発音ね。私にはわからない」

「……山羊？　彼は言っているね、山羊って」

「なによ山羊って。私は理解できない。どういう意味？」

「彼は原住民で、住んでいるからな、この地方に。発音が違う、私たちの言葉を話してくれても。あれじゃ聞きとることができない」

「私思うんだけど多分、違うんじゃないの、山羊」

「そう、ぼくもそう思う。違うな、山羊は」

「もどれ？　もどってこい？　彼は言ってる、もどってこいって。ん、なにあれ？」

「ぼくはわかった。違うね、山羊では。彼は言っている、幽霊って。幽霊？」

「見て、だれか立っている、水面に。どうやって？」

「最高だな、ソチミルコのカヌーの旅は」

「ママーズ」

まずこれを聞いてください。二番、再生します。

「あ。いいの、いいの、置いておいて。私やるから。あなた疲れてるんだから、お風呂入っちゃって。今日買った柔軟剤、結構好きかも。パジャマ、いい香りするからね」

香りは大事ですね。では次のママ。三番を再生。

「アンタはいいよね。仕事から帰ってきて。自分は全部一日のこと片付けたんだからさ。私はまだ終わってないの。ほら、使った食器も溜まっているでしょッ。まだ洗えてないのッ。忙しいからッ。そういうの手伝ってくれるって言ったよ、結婚前に！」

はい、ここまで。次のママ。四番、再生します。

「自分の好きなコースを選んだらいいと思うよ。仲の良い友だちと選んでもいいし。好きなの選んでいいよ。ママは習いごと苦手だから、コースとかわからないなあ」

なんの習いごとでしょうか。優しいですね。五番再生、次のママ。

「こんな計算もわからないの？　なんでできないの？　ねえ？　全部消しゴムで一回消して。もう一度やりなおし。本当にバカなの？　学校にいく意味ないんじゃない」

酷いですね。もう地獄。じゃあ、次は六番。

「今日ね、あの子が学校で賞とったんだよ。すごく頑張ったから、パパにも見せたいって表彰状、抱いて眠ってるの。寝室、見にいって。すごい可愛いんだよ、あの子」

癒されますね。では七番ママ。

「なるべく早く帰るって言ったよね。遅くなるってなに……終電逃してまでつきあいのほうが大事ってこと？　そういうことなの？　違うだろ……違うだろおおッ」

怖いですね。では八番のママを聞いてください。

「あの子、修学旅行にいっているあいだ、私たちも有給とって旅行いかない？　ほら、ずいぶん前にいった温泉街あったじゃん。あそこいこう。ふたりでゆっくりしよう」

ラストは最初に録音されたもの、一番です。しかもママではなくパパですね。

「ときどき妻がおかしくなるんです。ちょっと専門家に相談しようか悩んでいます。些細な理由で、別人みたいになって怒鳴り散らしたり。子どもへのあたりも強くなるみたいで。顔が変わるんです。怒りだす前に、先に顔が。皮膚が上に引っぱられている鬼みたいな顔に。声も違うように感じるんです。こっそり録音して聞かせます。先日ぞっとしたのは、怒る前に一瞬だけ……笑ったんです」

「陽あたり不良好」

それで結局、安さでその物件にしたんですね。

「はい。信濃町にあるワンルームマンションです。そこらの区域、道の起伏が激しくて。道路よりも下にマンションが建っているんです。なんかジメジメして居心地が悪い。前の家が恋しかったですね」

前の家はワンルームじゃなかったんですか？

「２ＤＫでした。でもコロナ禍のせいの転職なので、安い部屋に住むしかなくて」

荷物もずいぶん処分したのでは。

「ぼく、フィギュアとかガチャガチャの玩具とか集めていたんですけど、全部売りました。残ったのはテレビとテーブルと冷蔵庫だけです。服もかなり捨てました」

考えかたを変えれば再出発ですよね。いいじゃないですか。

「そういう前向きな気持ちも多少ありました。でも、殺風景な部屋を見てたら消え去りました。空気でも入れかえようと、くもりガラスになっているベランダの戸を開けたら隣のマンションが超近い。日当たりも悪いけど、逆にカーテンいらないいな、なんて思っていました」

そのあと食事は？

「駅のほうにいったらチェーン店の中華料理屋があったので、そこで済ませました。帰りにマンションの住人に会って挨拶したんですけど、無視されました」

治安悪い感じの住人ですか？

「そうですね。治安悪いのと、あの人は多分、日本人じゃなかったと思います」

海外のかたもたくさん住んでいたんですね。

「夜、電気を消して寝転がり、仕事のことを考えながらぼーっとしてました。ベランダの戸のくもりガラスから、隣のマンションの光が強めに入ってきます。ああ、やっぱりカーテンいるな。そう思いました。そのうち、仕事終わって帰ってきたんでしょうね、隣の部屋の音が聞えてきました。やっぱり壁も薄いなあとか思っていたら、ぱっと部屋が少し暗くなったんです」

暗くなった？　全体的にですか？

「電気消してたんで、もともと暗かったんですけど。影がかかったみたいに。なんだ？　と思ってベランダの戸を見たら、立っている人がいるんです。びっくりして体を起こしてよく見たら、立っているのではなくてちょっと浮いてるんです」

なるほど。それが不動産屋の言ってた家賃が安い理由ですね。

「ベランダで首吊った男がでるから家賃三万円。事前に聞いていたので、心構えもできてたし。怖くても寝ましたね。でも翌日、カーテンは買っちゃいました。ははっ」

「陽あたり良好」

それでは体験談をよろしくお願い致します。

「はい。私は荻窪に引っ越したんです。陽あたりの良いワンルームマンション」

健康的ですよね。つい先日、陽あたりが悪いマンションの話を聞きましたよ。

「男性はあまり気にしませんが、私はやっぱり気になりますね。それに、初めて実家からでたので、引っ越しの作業は楽しかったです。ガスの開栓にも立ちあって。可愛い家具でも買いたいなとか思いつつ、ショッピングアプリを見ていたんですよ」

いいですね。私もよく利用します。ずっと見ちゃいますよね。

「はい。夢中で見てると、そのうち暗くなってきました。

電灯をつけようとしたけど、スイッチを入れてもつかないんです、全部」

電灯が？　電力会社に連絡して電気は通っていたんでしょう？

「もちろんです。正確には全部じゃないですね。シンクの上につけられている蛍光灯はつきました。でもそれだけなんです。玄関、ユニットバス、部屋。全部電球が切れてる。陽あたりが良すぎて気がつかなかったんです。間抜けでしょう?」

ワンルームだとスイッチの数も少ないですからね。多かったら気づいたかもしれません。でもトイレするとき、ユニットバスの電気は昼もつけるんじゃないんですか?

「そうなんです。普通ユニットバスは気づきますよね。でも、ユニットバスの折れ戸がくもりガラスみたいな表面になっていて。部屋の明かりが入ってくるんですよ」

昼も電気なしで明るかったんですね、なるほど。

「そういうことです。仕方ないので台所の蛍光灯だけつけていました。今日はもう我慢して、切れている電球は明日になったら買いにいこうと思って。そのあと近くのコンビニで夕食を買って。暗めの部屋で食べて。寝転がっていたら眠くなって。そのまま眠ったんです」

お風呂入らずですね。まあ、電気がつかないし、仕方ありませんよね。

「そうです。汗かいたのにお風呂も入らずです。ちょっと気にはなりましたけど。午前三時くらいですかね。目が覚めてトイレにいきました。便座で座って用を足し終えたあとも、眠くて目をつぶって。座ったままウトウトしていました」

やっぱり引っ越しの作業で疲れていたんでしょうね。

「ええ。すると玄関のほうから音がするんです。ずずッ、ずずッみたいな音。こうやって壁に手をあてて、ちょっとずつ進むと壁からでる音です。

え？　なに？　誰か入ってきた？　私、鍵ちゃんと閉めたのに。

でもドアが開く音はしなかったので、なんだろうと目を見張っていると。

くもりガラスのようになった折れ戸、そこに手が貼りついたんです。

誰かがユニットバスの前を通っている。

キッチンの蛍光灯の光で、くもりガラス越しの向こうがうっすらわかるんです。

玄関のほうから壁に手を当てて進んできたんだと思います。

手がずずッ、ずずッと部屋のほうにズレていきました。

玄関の廊下からユニットバスの前を通って部屋に移動したのでしょう。

私は逃げるチャンスだと、ユニットバスの折り戸を開けると玄関にいきました。

鍵、かかってるんです。ドアチェーンもしてある。

誰か入ってきてドアチェーンをかけたら、さすがに音がしますから。

じゃあ、気のせいか、寝ぼけてたんだな。良かった。
そう思って振り返ったら、部屋からお婆さんが顔だして、私を見ていました」

「チャットGPTに相談」

「ご予約の方が、いらっしゃいましたよ。よろしくお願い致します」

「わかりました。待ってもらってください。準備できたら、すぐにいきます」

「来た、この日が。他のところで無理なら、オレなんかが解決できるはずない。これ危険かも。もし悪霊がこっちより強かったら、どうしたらいいの？　聞いてみよう」

『悪霊がこちらよりも強い場合は、自分自身で対処することは危険です。一人で対処すると状況が悪化することがあります』

「ほら！　やっぱり危険じゃん！」

『まずは、信頼できる霊能者や宗教家に相談し、状況を正確に伝えてアドバイスを仰ぐことが大切です』

「信頼できる霊能者とかいないし。そもそも、とり憑かれている人がオレのこと信頼して来てるんだから、除霊が無理だったとき、相談してきますなんて言えない」

『……また、悪霊の存在を認め、その存在に対して怒りや恐れ、怯えたりしないことが大切です。悪霊に対しては、冷静かつ穏やかな心で対応することが求められます』

「冷静だったよ、昨日まで！　怪談に詳しい人にも相談したけどお祓いの仕方わからないからって言われたし。オレも知らないし。お祓いのやりかたを教えてくれ！」

『お祓いのやりかたは、宗教や宗派によって異なる場合があります。しかし一般的な方法は次のものです。まず祓いの場所を用意する。祓いを行う場所は、清潔で落ちついた場所が望ましいです。また、静かな場所、天然石やお守りなどがある場所など、各々の目的に合わせて場所を選びます』

「清潔だし静かだし落ちついてるよ。水晶とお守りもあるし目的にはぴったりかも」

『次にお供えを用意します。水、塩、米、お菓子、花などが一般的に使われます。お供えは、神さまや仏さまに感謝を伝え、祓いの場所を清めるために用意されます』

「花ってあったかな。あ、この部屋のこの花を持っていけばいいか。クリアです」

『次に心を静める。祓いを行う前に、心を静めることが大切です。深呼吸をしたり、心を落ち着かせるための瞑想を行ったりすることがおすすめです』

「ビビりまくってるけど、なんとか静めるわ。深呼吸、ふぅー、はぁー、ふぅー」

『次に祈りや呪文を唱える。祓いの際には、祈りや呪文を唱えます。唱える方法や内容は、宗派や祓いの目的によって異なり、事前に調べておくことが望ましいです』

「これはウチの祝詞みたいなので大丈夫だよな。大丈夫なはず。大丈夫、絶対」

『そして祓いを行う。祓いを行う際は、水や塩をまいたり、白い紙に書かれた文字を読みあげたり、線香を焚いたりすることがあります。祓いを行う方法は、目的や状況に応じて変えることができます。また、祓いを行う時には、全ての部屋の中を入念に祓い、特に汚れや悪霊がたまりやすい場所を重点的に行います』

「人がとり憑かれてるときのことだよな。これじゃあ部屋のお祓いみたいだけど」

『最後に後始末をすることです。祓いが終わった後は、お供えを収めたり、お掃除をしたりして、祓いの場所を清めます。また、しばらくの間は、祓いの場所を清潔に保ち、悪霊や邪気を取りこまないように心がけることが大切です。以上が、お祓いの基本的な手順になります。ただし、祓いの方法や内容は、宗派や祓いの目的によって異なりますので、専門家に相談してから行うことをおすすめします』

「専門家がオレなんですけど。もし効かなかったらどうしたらいい？　それも教えて」

『もしお祓いが効かない場合は、次のようなことを試すことができます。

違う方法でお祓いを受ける――お祓いの方法はさまざまあります。もしも一回目のお祓いが効かなかった場合は、別のお祓いの方法を試してみることもできます』

「だから、今回がすでに何度目かなのよ。それでオレのところ来てるの」

『専門家に相談する――専門家に相談することで、お祓いが効かない理由や、別の解決方法が見つかるかもしれません』

「だから、オレがその専門家なんだってば。別の解決方法、オレも試して欲しいよ」

『精神的な支援を受ける――幽霊などの超自然現象に対する恐怖やストレスは、精神的な負担となることがありますので、その場合は、カウンセリングや心理療法などの精神的な支援を受けることで、ストレスを軽減することができます』

「お祓いに来てる人にそんなこと言えないよ。なんて言うの？　精神的なものか、ストレスだからって言うの？　無理だよ。それ露骨すぎるわ」

『場所を変える――もし幽霊や霊的な存在がいる場所が特定されている場合は、その場所から離れることで、問題を解決することができます』

「場所を変えるって、そんなの……いや、確か亡くなったお祖母ちゃんの住んでいた平屋に住むようになってから変なことが起こるようになった的なこと、依頼者が電話で言ってたな……もしかしたらそれも要因かもしれない。お祓いが終わったら、平屋をでるように言っておこ……」

「すみません。ご準備はまだでしょうか？　お待たせしているので、そろそろ」

「……申しわけない。心を静めておりました。いま、すぐに参ります」


「先日のお祓いですが、依頼者から連絡がありまして。お祓い後、言われた通り平屋をでたら元通りの生活にもどれたのでお礼をお伝えください、とのことです。では」

「えっと……問題が、解決しました、ありがとう、ございます……と」

『どういたしまして！　問題が解決できて良かったですね。なにか他にお力になれることがあれば、いつでもお知らせください』

「高所落下注意」

「いや、お前さ。すみませんでしたじゃねえよ。

あのな、重機の部品って重いの。

アタマとかに落ちたらアタマ割れるの。死ぬの。作業してる人がお前のせいで。

たまたま誰もいなかったし、ロープで引っかかったから落ちなかったけど、あれ落ちて下に人いたらお前人殺しになるんだよ。違うか？

——言う通りですじゃねえんだよ。

お前さ、前も鉄筋、上からばら撒いただろ。朝礼であれだけ説明したのに。

みんな家族いるんだよ。一本でもあたったら死ぬんだよ。

高所作業だぞ。気合い入れろよ、もっと。舐めてんのか？

——いやさ、もうね、こうやって説明してるときに、舐めてませんとか、よく言うよな。それが舐めてるってことなんだよ。お前さ、命かかってんだよ。わかるか?

──わかってねえよ、バカ。わかってたらあんな高いところで命綱せず、スマホなんか見ねえよ、バカ。スマホ見て重機の部品とか鉄筋とか落とさねえよ、バカ。

あのな、いい機会だから教えといてやるけどな。オレも前はミス多かったけどな、もっと酷いやついたんだよ。お前そっくりの。ポカーンとしてるポンコツが。

そいつ高所から落ちて即死よ、即死。なにしてたと思う? 景色良いからスマホで写真撮ろうとしてたんだぜ。ガム噛みながら。足踏み外して落ちて死ぬだけならいいよ。でも、下に若い作業員いたんだぜ、そいつにぶつかって若い作業員も即死だよ。真面目に仕事してたら、上から落ちてきたマヌケに当たって死ぬとか。

お前が若い作業員の家族なら納得できるか? できるワケねえだろ、そんなの。

──できないですじゃねえよ。お前がスマホで写真撮って落ちた本人なんだよ」

「うおいッ、お前こっち来いッ。そう、お前だよッ。危ないからゆっくり。そうそう、ゆっくりでいいから。よし、捕まえた。とりあえず下に降りよう。な。危ないから」

「またあの若いの。来てたらしいぞ。しかも上の階に」

「警備、なにしてんだよ。入院着で現場入ったら目立つのに。止めろよな」

「またひとりでエア説教してた。危ねえよ。命綱もつけずに」

「上から落下した作業員とぶつかって助かったの奇跡なのに。なんで今度は自分が上の階にあがるんだろ？」

「純粋な部下ですね」

「なので会社の利益を優先するのは当然だと思いますし、仕事とはそういうものであると考えるべきだと僕自身は割り切っていますので特に問題ありません。悪しからず」

「……びっくりした。長いよ、話が。大体、上司に悪しからずとか言うな」

「気分を害されたのならば謝罪致しますが、誘って頂いたときにも僕は誰かと話すのが苦手でよく怒らせてしまうと伝えましたし、仕事の話題になって意見を求められたとき遠慮なく言えと仰っていましたから忌憚のない意見を申しただけですが、それでも言葉を選び雰囲気を壊さないように努めたつもりです。最初も今日は無礼講と」

「だあ、もうわかった。酒が不味くなるからよせ。もっと端的に、短く言え」

「短く、ですか」

「んで？　一緒に飲むの初めてだけど、お前彼女とかいるの？　いねえか」

「いますよ」

「……いるのかよ。意外だな。オレいないのに……その子、可愛いの？」

「かなり」

「へえ。可愛いんだ。年齢聞いてもいい？　何歳よ、その彼女？」

「二十一」

「うおっ、マジかっ。めちゃ若いなっ。んで？　芸能人でいうと？　誰に似てるの？」

「ガッキー」

「なにいいっ？　嘘だっ。嘘だろ？　頼むから嘘と言ってくれっ」

「本当」

「見せろッ。それが本当なら写真とかスマホに入ってるだろ。嘘だから見せれ――」

「はい」

「ぎゃあああッ！　マジか！　これ超そっくりじゃねえか！　くそおおおッ！」

「お静かに」

「静かにできるワケねえだろッ、こんなもん見せられてッ、静かにできねえッ！」

「できます」

「純粋な部下ですね」


「どこで？　どこで発見できるの、そんなハイカラットなダイヤはッ」

「青山」

「……オレ明日、青山に引っ越します。すげえな！　一緒に住んでるの？」

「いいえ」

「住め！　逃したらお前に次はない！　せめて彼女のところの近くに引っ越せ！」

「検討します」

「興奮しすぎた、落ちつくわ。いつものデートコースは？　原宿？　お台場とか？」

「僕の家」

「ムキッーー！　お前腹が立つ、お前のことが憎い！　週何回会ってるの？」

「七日」

「毎日じゃん！　それ毎日のことじゃん！」

「そうですね」

「結婚とかするの？　親にもう会ったとか？」

「会った」

「するじゃん、結婚！　オレも彼女欲しいなあ。いつからつきあってるの？」

「二年前」

「じゃあ、彼女が十九歳のときからじゃん！」

「いいえ」

「いいえってなんだよ！　二年前からだったら十九歳だろ！」

「いいえ」

「どういうことだよ！　あ、わかった！　ホントはいま現在十九歳なんだろ！」

「いいえ」

「意味わからねえよ！　さっきから返答がロボット！　そこちゃんと説明しろ！」

「二年前、僕が品川に住んでいるときホームから電車に飛び込んだ子です。当時の彼女の年齢が二十一歳だったので年齢は止まっています。僕はひと目惚れだったので彼女の家を突き止めて両親に会って頼みこみました。彼女の骨を骨壺ごとくれないかと説得を試みたんです。さすがにそれはできないと断られてしまいましたが何度も熱烈に頭を下げた結果、一緒に供養をするという条件で遺骨と遺灰のほんの一部をわけてもらえることになって。それはもう嬉しかったです。いわゆる分骨というやつですね。彼女の写真が欲しかったので位牌と一緒に添えられていた遺影を撮らせてもらったのがさっき見せた写真ですが、遺骨と遺灰を枕元に飾っているせいか毎日、彼女が現れます。幻覚や思いこみと仰るなら、好きに思ってくださって結構です。彼女と私は毎晩見つめあっているという僕の認識も事実です。頭部しか現れてくれないので残念ですが、僕はそれすらも――」

「あ、すみません。お勘定お願いします」

「純粋な部下ですね」

「惨劇の子」

『正直に言ってくれ。お前が母を……母さんを殺したのか』

『あの夜のことがそんなに気になるのか。なぜだ？

遠い遠いむかしのことじゃないか。お前は幼く、母親の顔すら覚えていないのに』

『教えてくれ。警察に連絡したりしない。ただ……本当のことが知りたいだけだ』

『もう、どうでもいいんだ。終わったことだからな』

『頼む！　教えてくれ……この通りだ。少しは知ってる。母は酷い人間だった。

たくさんの人たちを騙していたことや、恨みを買っていたことも知っている。

でも！　おれにとってはたったひとりの、たったひとりの母親なんだ。おれは母がいないことで、寂しい子ども時代を送ってきた。まわりの友だちが羨ましかった。

なぜそんな思いをしなきゃいけなかったのか、知る権利くらいあるだろう？』

『……お前はまだ幼かった。だからあの女の被害にあう前に、私が殺ったんだ』

『やっぱりそうか。やっぱり……お前だったのか』

『父親がいないことはわかっていた。殺れば、そのあとお前が施設に送られることもな。それでもだ。あの女に育てられ歪み、悪事の片棒を担がされるより、ずいぶんマシじゃないか。あの女は母親として、そして人間として、下の存在なのだから』

『母の……母の最期を、教えてくれ……』

『どうやって、殺ったってことか？　そんな残酷なことを聞きたいのか？

いいだろう、じゃあ教えてやる。お望み通りに。

あの夜、お前は保育所に預けられていた。あの女が迎えの時間を守らないのはいつものことだ。時間通り来なくても、怪しまれないことを私は知っていた。保育士たちもお前の体のアザのことを心配していた。虐待のことはわかっていたんだ。

誰もが、どうしたらいいのか、どうすればお前を助けられるのか、考えていたんだ。

――私はあの女が入り浸っている男の家に忍びこんだ。

男も仕留める予定だったが上手い具合に男だけ外出してくれた。

チャンスだと思い、私は隠れていた部屋からでた。

そして女のうしろに忍び寄り、持っていた刃物で背中を何度も――』

『酷い、なんて酷いことを……』

『そのおかげで、いまのお前があるんだ。お前は惨劇から生まれたんだ。

もっとも、あの女に育てられていたら、さらに酷い出来事が起こったに違いない。

もう母親のことなんて忘れて、普通に生きろ。

それがお前を心配した者たちへの礼儀ってもんだ……それじゃあな』

『待て……ちょっと待て！』

『なんだ？　私に復讐したいのか？　殺りたければ殺れ』

『違う……おれは、そんなことしない。でも、これだけは聞け。母さんのことを人間として下の存在と言ったな……じゃあ、上ってなんだ？　優劣なんて決めて一体なんの意味があるんだ。人間として上か下かなんて、そんなこと決める権利は誰にもない！

おれは……ただ、生きている母さんに言葉を伝えたかった。

生んでくれてありがとう。生んでくれたおかげで……幸せになれたよって、言葉を』

「お疲れさん。人気俳優とは言えど、この時期にひとり芝居で満席ってすごいな。

あれ？　リハーサルまでまだ時間あるだろ。なにやってるの、あの人」

「母親が来てるから、ちょっとだけステージで演じてもいいかって言われて。見えませんが客席に向けたカメラには映っています。最前列に座ってますね、彼の亡くなったお母さん。今日が命日って言ってました。ほら。あんなに嬉しそうに微笑んでる」

「怖い塔館がある」

「コロナ禍になったばかりのころ、バイトしてた定食屋がつぶれて。生活どうしようか困ってたら、近くに住む友人が勧めてくれたんです。女は得するよって」

女は得する？　友人が言っていたんですか？　なんの仕事でしょう。

「配達です。主に食事の。女の配達員はチップをもらえる率が高いんですって」

ああ。わかります。アプリで食事を頼むやつですね。私もときどき利用します。

本当だったんですか？　高確率のチップは？

「どうなんでしょうか。男の人がどれだけもらってるか知らないので。でも、道で会った他の配達員としゃべったら、チップなんかもらったことない人もいました」

いくらくらいなんですか？　チップの相場って。

「くれる場合、ほとんどは、お釣りですね。なので数百円が平均だと思います」

いいじゃないですか。では、そのころの体験談をお願いします。

「配達も慣れてきたころ、気づいたんです。さっき言ってた、チップをくれる確率が高い系統のマンションに。その系統のマンションの住民たちはお釣りとは別に千円くれたりすることが多い。

その系統というのが都心周辺のタワーマンションです。

やっぱり住んでいる人たちもリッチなんですね。チップを渡すときに、ナチュラルというか恩着せがましくないというか。スマートなんです。だからそこの配達があったときはラッキーな気分でいくんですが――一件、都心で変なタワーマンションがあって。そこはぜんぜん違う印象なんです。入口とか見た目は普通に綺麗なんですが、なんというか……生理的に気持ちが悪いというか。マンションの入口に立っていると、なんかイヤな気持になるんです」

イヤな気持ですか。なにかに例えることはできますか？

「誰もが嫌いな虫いるじゃないですか。Gです。Gがでたときビックリしますよね。Gがこっちに走ってこなくても、動いたら身がすくむじゃないですか。あの感覚に似てます。防御の体勢をとってしまう感じです。わかりますか？」

よくわかります。そんな感じなんですか？　タワーマンションなのに？

「そうです。このことを紹介してくれた友人、彼女も当時はまだ配達員をやっていたんですが、その子も同じこと言ってました。なんか気持ちが悪いんだよねって。

昼間はマシなんです。愛想の良いコンシェルジュがいるというのもあるのですが、夜は激変します。さっき言ったような生理的に無理感が湧いてくるんです。

それも上の階に登るほど、気持ちが悪い。でも、具体的な理由はわからないので、気にしないようにしていたのですが——ある夜、そこに注文が入って。

自転車で向かってタワーマンションの前に到着して、見上げたらやっぱり気持ち悪い。ああ、もう早く渡そうと中に入ってエントランスからエレベーターに乗りこんだんです。あまり覚えてませんが、十階か十二階にある部屋だったと思います。

そこにいって直接、渡したんです。ひとり暮らしっぽい女子でした。

『お待たせしました、お会計はＬＩＮＥ　Ｐａｙですね。ありがとうございま……』

『あの……すみません』

『はい？　なんでしょうか？』

『エレベーターって、誰かいました？　誰もいませんでした？』

『え？　なんでしょうか？』

その女子、私と同じようにマスクしていたんですが、顔色が悪いのがわかるんです。

『エレベーター……キモい人、いませんでしたか？』

『キモい人、ですか？』

『ずっといるんです、キモい人。それで困って、私、でれないんです』

『もしかして……ストーカーとかですか？　いま来るときには下の階にもこの階にも誰もいませんでしたけど。通報したほうがいいんじゃないですか、そういうのって』

『そういうのじゃないんです……もうしたんですけど、変なこと言われて』

彼女が言うには、警察に通報したら折り返し連絡があって『そこ、そういうの多いから。巡回だけしときます。ご安心を』って意味わからないこと言われたらしくて。

『ひっどい。警察もいい加減ですよね。ストーカーなんか早く捕まえて欲しいのに』

『……違う』

『はい？　なんですか？』

『ストーカーとは違うんです。多分ここ、事故物件だらけで、でるんですよ』

『事故物件？　え？　なにがでるの？』

『……もういいです。やっぱり引っ越します。じゃあ』

そういってため息まじりにドアを閉めたんです。

いまの幽霊のことだ。絶対そうだ。そう思うと私、震えあがっちゃって。数秒だけ固まってたんですけど、急いでそこから離れてエレベーター前に移動したんです。とにかく早くマンションからでたくて。ボタンを押してエレベーターの到着を待っていると
（あれ？　さっきあの人、なんて言った？）と不思議に思えてきたんです。

下の階に誰かいませんでしたか？　上の階に誰かいませんでしたか？

これならわかりますよね、意味が。でも彼女、エレベーターに、って……。

そう思った瞬間、エレベーターが到着して、ドアが開きました。髪の長い女性が立っているんです。それも私に背を向けて、ぴったり壁に密着してるんです。

私、乗らなきゃいいのに、混乱して。なぜか乗ってしまったんです。

すぐに一階のボタンを押して、ドアを閉めて、目をつぶっていました。

（怖い、お願い、早く一階について、お願い、早く、怖い）

私のうしろにいるはずなんですが、気配がないんです。

よく聞くような、いつの間にか消えていたみたいな。

それ系かと思って、目を開けて振り返ると。
壁じゃなくて私のほうを向いて、ぴったり密着。歯を見せてニタァァ」

「窓から覗くから」


「そういう活動してるとさ、変な人から連絡来る？」

変な人？　変な人って例えば？

「メールとかで【あんた、とり憑かれてるよ、このままだったらヤバいよ！】とか」

来る。でもそういう感じではない。なんかお金とろうとしてる感じ。メールで。

「メールでお金？　どうやって？」

なんか【家族皆殺しになった家　高知県　三十万】とか書いてるの。これ、話を聞かせるから三十万払えって意味なのか。それとも、もうこれで情報提供したことになるから三十万払えって意味なのか、わからん。この人、何十通も来てた。

「ふええ。どっちにしても暴利ですな。高い。他には？」

普通……ではないやろうけど、コミュ能力低そうなのとか来るね。【初めまして。オレも怪談してるから仲良くしようぜ。お互いがんばろうな！】って書いてた。ちょっと馴れ馴れしいやろ。ホントに社会人か？　って感じ。【体験談あります、聞かせますよ。来てくれたら】は名前も住所もないから、どこにいったらいいの？　いかんけど。あと【すごくファンです。会いたいです】は嬉しいけど、名前も顔も年齢もすべてわからんから会えないです、怖すぎて。

たまに恨み言とか呪いの言葉とか来るけど、警察案件やから普通に保存してるよ。

「やっぱり、そんなんあるんだ。大変だね」

大変やな。仕事マナーの面でも、最近はＤＭに仕事連絡を普通にしてくる人もおるねん。これ、見てなかったらどうするの？　って思う。ちゃんとＷＥＢサイトあるんやから、そっちに送ればいいのに。

「呪いは？　呪いの言葉ではなく、本物の呪いメール」

呪いメールってなに？　映画？　着信メールアリ？　そんなのはないね。

「メールでいちばん怖かったのは？　聞いた話でもいいよ」

取材した話やけど【窓から覗くから】っていうのがあった。

「なにそれ？　女をビビらせる変質者の人？」

いや、受けとったのは男性のかた。ただ【窓から覗くから】って書かれてたらしい。

そんなメールが何通も届くねん、その男性に。何日もかけて。

「実際、覗きに来た？　窓から」

いや、覗かれなかった。その男性の家は八階。覗けない。

「変なサイトに繋ぐ迷惑メールとかじゃないの？」

違う。はしょるけど、犯人わかったの。最終的に。

「え？　誰だったの？」

上の階の住人が、自分の部屋の下の階の住人たち、全員にそれ送ってたの。

なんでアドレス知ってたのか、不明。警察もわからんって言ってたらしい。正確には
覗かれなかったんじゃなくて、一瞬だけ覗かれたみたい。飛び降りるときに。

「プロパガンダかステマ」

「いやあ、めちゃ怖かったっすね。さすがユーチューバーたちがこぞって集まる最恐人気心霊スポット。動画や静止画問わない鬼気迫る確実な画力がありましたね」

「ヤバいっすよ！　先輩いなかったらオレたちヤバかったすよ！」

「ああいうのって馴れてるから。あ、そこのコンビニで停めて。塩買わなきゃ」

「なんで塩なんですか？　しょっぱいものが食べたいとか？」

「車に塩かける。きっと手形とかついてるから。なにかある前に塩かけとかなきゃ」

「ヤバいっすよ！　手形なんか、どこについてるんすか！　ヤバいっすよ！」

「さあ？　フロントガラスの場合もあるけど、ないからリアガラスじゃないかな」

「停めますね。ちょっと降りて確認してみましょう……ホントだ！　手形だ！」

「ヤバいっすよ！　マジこれ手形だ！　なんでわかったんすか？　ヤバいっすよ！」

「なんでかって？　いや、そういうものだと思って」

「とりあえず買ってきました。この塩かけたらいいですか？」

「うん。これで大丈夫。あとは、ほら。みんなこのお守り、しばらく持ってな」

「ヤバいっすよ！　ちゃんと人数分あるじゃないっすか！　ヤバいっすよ！」

「これ準備してくれたんですか？　先輩が事前に？」

「ああ、お寺でもらって持ってきた。ちゃんと身につけてろよ」

「ありがとうございます」「あざす！」

「あとお前、心スポでふざけてただろ。ダメだよ。いま手をあわせて謝っとけ」

「ヤバいっすよ！　だからさっきから肩が重いんすか！　ヤバいっすよ！」

「お前はなんかいるとか言って録画しただろ。心霊肖像権違反。いま消しとけ」

「やっぱダメですよね。すぐに消します」

「それから、いまから死者を冒涜する悪口は絶対禁止な。発言には気をつけよう。

ついでに酒。飲酒も禁止。なにかしらの事故につながる。お茶飲んどけ。

あと変な電話かかってくるとか考えられるから、非通知とか公衆電話からとか一切でない。というかスマホの電源、もう切っとけ。家族や恋人から電話がかかってきたと思っても心霊的ななりすましの可能性があるからな。信じるな。

あとはナンパ禁止。いまから女子を見かけたら全員幽霊と思え。笑いかけられても、すぐ目をそらせ。精神的な動揺を誘導してくる霊もいるから惑わされるな」

「なるほど！　精神攻撃までしてくるなんて姑息なやつらっすね！」

「その通りだ。やつらは常に斜めから攻撃してくる。そういうものと心得よ」

「ヤバいっすよ！　もっとゾンビ的な怖さで来ると思ってました。ヤバいっすよ！」

「普通だ。人間のフリなんか日常茶飯事だ。そういう意味ならここにいる誰かがすでにすり代わってるというケースも考えられる。本物は心スポに置いてきて幽霊がなりすましている可能性だ。お前らマイナンバーカード見せろ。確認する」

「大丈夫です、オレたちマイナンバーカード持ってます！」

「あとは事故だな。帰り道のあいだに事故を起こす可能性も低くはない。今日は車をここに駐車して帰ろう。コンビニには迷惑だが事故るよりマシだ。遠いが歩くぞ」

「あれ？　オレたちの車の中、誰かいません？」

「見るな。どうせ笑ってる。そのまま笑顔で困らせて諦めさせよう」

「ヤバいっすよ！　先輩のおかげで無事に帰れます。ヤバいっすよ！」

「やっぱりさ、何冊も怪談本を読んだり、怪談語り聞いたりしていると人生が違う。めっちゃ助かるわ。本当にありがとうございます、竹書房怪談文庫さん」

「壊れゆく家庭と個」

本日はどうも。なんでも、嘘のような本当の話があるそうで。

「よろしくお願い致します。お話しする前に確認したいのですが、これってそのまま話を書くんですか？　そのまま書かれてしまうと、個人的にちょっと困るのですが」

現象や内容は変えませんが、プライバシーを守るように変更や消去はします。

「なら、よかったです。では改めて。妻はひとつ年下で学生時代からのつきあい。私は結婚してからずっと仕事ひと筋でがんばってきました。私の育った家は貧しかったので、母も兄弟たちも苦しい生活を強いられてきました。その理由は、父が酒に溺れて仕事もせず、暴力をふるう人間だったからです」

それはお気の毒に。お父さんはどんな性格だったんですか？

「説教が好きな男ですね。偉そうにしたい、優位に立ちたい。いまで言うならマウントをとりたがるタイプですね。典型的な脱落者です。私が父から学んだことは、どんなに外面よく道を説いても、遊んでばかりで働かなければ説得力がない。そして成功の反対は失敗ではなく、挑戦を放棄すること。このふたつです。母は父のせいでとても苦労をしていました」

現在、お母さんは元気なんですか。

「病で亡くなりました。自堕落な生活が原因で先に死んだ父の借金を返し終えてから。私たち兄弟に看取られて。死に顔は安らかだったのが、せめてもの救いです。

私には子どもはいませんが、妻に母のような思いをさせたくなかった。

せめて生活の心配はさせないよう、結婚してからがむしゃらに働き続けました。

旅行にもいかず、休日も返還してひたすらに働いた。

夜は誰よりも遅くまで働き、朝は誰よりも早く出社する。

外で食事を済ませて、家では自分の寝室で眠るだけ。

そんな生活が十五年ほど続きました。

妻とはすれ違いが続き、同じ屋根の下にいても、顔を合わせることはなくなっていました。ときどき会ってもお互い、まったく会話をしなくなっていたんです」

寂しい話ですね。興味を失ってしまったのでしょうか。

「興味を失ったのか――それはわかりませんが、無関心を先に示してしまったのは私のほうかもしれません。妻はときおり私の寝室を開けて、私の寝顔を見に来てくれていました。私はそれに気づいても無視して、睡眠を優先させていたのですから」

実際、疲れていたので仕方ありませんよ。

「声をかけることくらいできたはずです。また逆に私が寝顔を見にいくことも。

あれは二〇一七年の二月でした。

その日、知りあいの社長から『これ、奥さんにどうぞ。きっと喜びますよ』とお土産のケーキを頂いて。私は家に帰ってから妻の部屋をノックして、それを渡そうとしました。返事がないのでドアを開けると、部屋はもぬけの殻だったんです」

でていってしまったんですか。

「ベッドやタンスなどの家具も服も、なにも残っていない。がらんどうの部屋。私はリビングにもどり座って唖然としていました。動揺していたのでしょう、ケーキを箱からだして、ただ眺めていました。自分はなんのために、がんばっていたか。妻はどういう気持ちで家をでていったのか。私は父と一体どう違うのか。虚無感に包まれていました。

ふと疑問が浮かび、また妻の部屋にいきました。

妻はいつでていったのか、という疑問です。しゃがみこみ、フローリングを手で触ると埃で黒くなります。おそらく妻はずいぶん前にいなくなっていたのです。守っているつもりのものは、とっくに無くなっていたのに、気づいてもいなかったのです」

ショックですね。翌朝は出社できましたか。

「普通に出社しました。

いつものように遅くまで働き、家に帰り、朝早く出勤する。

それからも変わらぬ日々を続けました。

なにも考えずに働いたほうが楽だったんです、精神的に。


月日が流れた九月のことです。

警察から電話があり、話があると警察署に呼びだされました。

妻が自殺したかもしれない、という話を刑事さんにされました」

自殺したかも？　ずいぶん曖昧ですね。

「はい。なんでも一年半ほど前、北陸にある自殺の名所の崖で、海に飛び降りる人物を目撃した観光客がいるらしくて。それが妻の可能性があるって言うんです」

どうして警察は奥さんだとわかったんですか。

「近くの旅館で、荷物を置いたまま帰って来ない女性がいたんです。宿泊名簿に書かれた名前が妻のもので。筆跡の写真も見せられました。妻の字にそっくりではありましたが、私も混乱していたのでハッキリとは言い切れず困りました。妻がいなくなったことを刑事さんに言うと『自殺するような性格でしたか』と尋ねられました」

一年半もかかった理由はなんですか？

「旅館は先払いで荷物も少なかったんです。旅館側は忘れ物として認識し、通報もせず。警察が聞きこみに来るまで、わからなかったそうで。だから、ずいぶん時間がかかったようです。それに遺体が発見されてないので、妻が死んだと決まったワケではない。事件性がうすいので、捜査に本腰が入る案件でもなかったみたいですよ」

なるほど。そのあとは？

「家に帰って考えました。おかしいんです。

宿泊名簿の筆跡の写真、日付が書かれていました。一年半前です。

家からいなくなったと気づいたのが二〇一七年の二月。

警察から自殺の可能性の話を聞いたのが二〇一七年の九月。

旅館の宿泊名簿の日付は二〇一六年の三月。

逆算すると、私は一年ものあいだ妻がいないことに気づかなかったことになります。でも、そんなことあり得ますか？　いくらすれ違った夫婦でも、一年も会っていなかったら、さすがに気づくでしょう。

私は必死で妻と最後に会った日を思いだそうとしました。

私の部屋に来て、私の寝顔を見た夜――あれは私の誕生日だったはず。寝ていると妻がドアを開けて入ってきて、じっと私の顔を見ていました。私は彼女に気づきながら（ああ、おれの誕生日だからか）と思った記憶が確かにあります。十一月です。

他にもリビングを横切っていったり。自分の部屋のドアを開けて歩いていったり。

何度も何度も妻を見ているんです。

無表情で、まっすぐに。瞬きもせず、こっちに目だけ向けて歩いていました。リビングにいる私のうしろを、通っていったんです、妻が！　あの妻がッ」

間違いありませんか、それは。時期は本当ですか？

「間違いありませんか？　自分の妻だぞッ！　間違えるはずねえだろッ！」

わかりました、落ちついてください。

「あッ、お前、いま落ちつけって言ったなッ！　落ちつけって言ったなッ！　おれは親父と違うんだよッ！　ちゃんと仕事して、汗水垂らして働いてたんだッ。妻なんて何回かしか殴っていないんだッ！　わかるかッ！　おいッ！　聞いてるのかってッ！」

殴って？　手をだしていたんですか？

「だしていません。私はそんなことしません。お話は以上です。プライバシー守ってくださいよ。お願いします。遅くなると寂しがるのでそろそろ帰ります。それじゃあ」

「世界のしくみ」

「おはよ、お父さん。今日は顔色いいね」

「…………」

「これ、叔母さんが『病室に飾ったらいいよ』ってくれたお花。ここに飾ろうか」

「ああ。ありがと。ちょっと話があるんだけど、いいか」

「なに？　お父さん」

「わしの部屋にある桐のタンス、いちばん上の引き出しだ。あれ、全部外して裏返したら、そこに隠していた通帳とカードが貼ってある。それ、みんなでわけろ。いいな」

「隠し財産なんかあるの？　お兄ちゃんそれ、知ってるの？」

「知らんだろう。ちゃんと渡しておけ。あと権利書とか大事な書類は仏壇のうしろにある。そこに母さんが遺してくれた宝石もあるから、全部処分してみんなでわけろ」

「お父さん、急にどうしたの？」

「今日、迎えが来る。だから伝えておかなきゃならん。昨日の夜言われたんだ」

「言われた？　誰に？　なにを？」

「昨夜、使いが寿命を告げに来た。今日までだそうだ。わしを怖がらせようとした、悪意のある使いだった。この病室の窓からわしを持っていくそうだ」

「使い？　死神ってこと？　どうしたのお父さん。珍しく気弱になって」

「信じないのか？」

「大丈夫よ。元気になるから。大体なぜ、その『使い』はお父さんを怖がらせるの？」

「わしは自分の利益のためだけに生きてきた。

そのことでお前の母さんにもずいぶんと苦労をかけた。たくさんの人たちから恨みを買い、最後にこうやって床に臥せっても誰も見舞いに来ない。みじめなものだ。

お前は心が真っ直ぐだから、わしの醜さが伝わらないだけだ。

人は世界を自分で決めてしまう。なにかを頼むなら金をよこせ。そう言い続ければ相手だって同じことを主張してくる。当然だろう。無償でなにかを与える心がなかったのだから。結果、自分の世界は金がいちばんの世界になるのだ。わしはこんな簡単なことを理解していなかった。若いころからまわりに優しくして欲しかった。わし自身を大切にして欲しかった。その世界を創りたかったら、わし自身がまわりに優しくしなければ、ならなかったのに。弱っている者を助け、疲れているものを癒し、奉仕に殉ずる覚悟で優しく、周囲に愛情を与えるべきだったのだ。それができなかった私は、昨夜の使いのような者に、恐ろしい顔で死を宣告されるのだ。

いいか。お前はそうなるな。相手に尽くすのだ。まわりに尽くすのだ。心がある相手だけを自分のまわりに残すのだ。自分の生きている世界を創るのは自身なのだから」

「……お父さん、わかった。お父さんの言ったこと、絶対に覚えておく」

「もう仕事の時間だろ。お前はいきなさい。もし今日がその日でも、ひとりで受けとめよう。窓は一応、閉めておいてくれ。できるならわしも助かりたいからな。ふふ」

「うん、また明日来るからね。じゃあね、お父さん」

「ああ。がんばれよ。じゃあな」

「看護婦さん、今日は失礼しますね。さようなら。

あ、お父さんの部屋、なんだか空気が悪いから。本人がもし嫌がっても窓を開けておいてください。よろしくお願いします。

あ、もしもし。叔母さん？　シクラメンの花、病室に置いてきた。お母さんの宝石の場所わかったよ。あとで見つけて持っていく。え？　他になにか隠してたかって？

ううん、宝石だけみたい。他はなんにもなさそうだよ、お金になるものは」

「場違いな証拠」

今日はご足労頂き、ありがとうございます。

「この取材の会話って、録音とかさせてもらってもいいですか？」

別にかまいませんが、なににお使いになるつもりですか？

「もし面白いコメントを仰ったら、使える部分をネットの記事にしようかと思いまして。私も怪談を集めるのが好きなんです。聴き専ではあるのですが集めてもいます」

体験談を語るほうに録音されるのは初めてです。あまりいい気はしませんね。

「もちろん記事にするときには、ちゃんと原稿をお見せしますから。お願いします」

本名も連絡先も知っていますし、了承しました。体験談をお願い致します。

「私は以前、新聞社に勤めていまして。いくつかの行方不明事件を担当していたことがあるんです。知っていますか？　日本で未解決になっている行方不明事件の中には、調べれば調べるほど、ぞっとするような事件がいくつもあるんです」

はい、いくつかは知っています。私が怖い気分になりたいときに調べたり検索したりする二大恐怖案件のひとつが未解決事件ですから。不気味なものが多いですよね。

「二大恐怖案件とは上手いことといいましたね。あとひとつはなんですか」

熊さんです。

「………」

いや、冗談ではありませんよ。獣害事件という意味です。今度調べてください。

「いえ、ちょっと意外だったので。わかりました。話をもどしましょう。

行方不明の未解決事件の不気味さのひとつに、どのような事故や犯罪に巻きこまれ行方がわからなくなっているのか、皆目見当がつかないことが挙げられます。

そして、どのようにいなくなったのか、その過程すらわからない。例えば、ほんの数分だけ目を離した子どもが、目撃者が多数いてもおかしくない状況で、誰の目にも映らないまま煙のように消えていたりする。そのままもう二度と帰ってこない。こんな事例が年間、何千件も起きているんです」

令和三年の不明者届は八万件近くでしたね。たいていは数日の家出だったり、行先を伝えていなかったり、連絡先がわからないだけ、などが含まれていますが。本当になんの手掛かりもない案件は、それくらいの数になるでしょうね。

「仰る通りです。この問題を追求する機関すらないので、議論にもあがりません。老若男女、毎年確実にいなくなっています。どこを探しても発見できないんです」

　この行方不明者の数って、むかしからそうなんですか？

「もちろん私が新聞社に勤めているときも、この現実はありました。なにをしても発見できない。微かなヒントさえ掴めない件がほとんどです。それでも当時の私は若く、任された事件がまだ小さい子どもということもあって、全力で調べたんです。

　それが■県の○○○○○という子どもの行方不明事件です、ご存知ですか？」

　ああ、知っていますね。××していて●●でいなくなったお子さまですよね。

「そうです。事件からずいぶん経っていましたが必死になって調べました」

　なにか見つかったんですか？　行方につながるものが。

「いえ、まったく。こういう事件なのでは？　または、こういう事故なのでは？　といろいろ推理して調べましたが、警察もわからないことを一介の記者が解決できるはずがありませんでした。ご両親にもお会いして、いなくなった○○○○○さんの部屋も入らせて頂いたのですが、ダメでした。なにか力になりたかったのですが」

それは仕方ありませんよね、調べることと発見することは別の能力なので。

「そして十六年ほどすぎたころです。そのころ私は新聞社を辞めてフリーでした。依頼があったら記事を書く、もしくは企画の持ちこみのような仕事ですね。

あるとき、登山家の方々に取材をすることになったんです。

私はアウトドアではないので、下調べもかなり多かったのを覚えています。幾人もの登山家に会っていろいろな話を聞きました。いちばん大変だったこと、いちばん感動したこと、さまざまです。皆さん、社交性が高く、おおらかな方ばかりでした。

知っていますか？　登山家って割と写真が好きな人が多いんです。登っている最中に見た美しい景色、自分が征服した山の頂上からの写真を撮って、それを持っている人が多いんです。そのときも、ある登山家、本人が撮った写真をたくさん見せてもらいました。そこに変な写真があったんです」

もしかして心霊写真ですか？

「違います。クライミングロープを使って、岩壁を下りているときに撮られた写真です。数字は失念しましたが、何十メートルもある岩壁。下りている最中に見つけて、あまりにも奇妙だったので、なんとかカメラをだし写真を撮ったと言ってました」

なにが写っていたんですか？　その写真に。

「私は写真をみて声をあげました。ただの岩壁、岩です。そこに、かつて調べていた、行方不明の子の名前が書かれていました。【タスケテクダサイ　○○○○○】って」

でも、誰がそんなところに書いたんでしょうか？

「基本的に登山家はそんなことをしません。山を傷つけてしまう行為です。その前に悪戯でラクガキなら、どこにでも書けるじゃないですか。そんな命をかけてぶら下がらなければいけない場所で、なぜそんなことを書く必要があったのでしょう。

ラクガキを見つけて、その登山家もワケがわからず目を疑ったそうです。もちろん彼は、行方不明事件の子の名前だとは思っていません。そんなことより、なぜこんなところにという驚きが強かったようです。

でも、私が震えあがったのは、また違う意味です。その名前、石かなにかで岩に彫っているんですが、そっくりだったんです。私がその子の家にいって親御さんに見せてもらった持ち物の数々。ノートや画用紙に書かれてあった、その子の字に」

そこの山は、その子がいなくなった■県の街から近いんですか？

「近くありません。到底、子どもが来ることができる場所でもありません。もしかしたら同姓同名の人の悪戯かもしれません。ただ、気味が悪いのだけは確かです。こんなこと警察やご両親に報告もできませんし。どうしたらいいんでしょうね」

「お迎えの正体」

「私からも、いろいろ聞いてもいいですか？」

はい、いいですよ。どうぞ。

「臨死体験の話って、聞いたことがありますか？」

三途の川や花畑の臨死体験ですか？　ときどき聞きますね。

「臨死体験って突発的な死によるものって多いですよね」

確かに病気や老衰でない限り、たいていの死は突発的かもしれませんね。

「ほら、よく『お迎えが来る』っていうじゃありませんか？　わかります？」

わかります。言葉として「お迎え」は浄土のために仏さまが迎えに来るという意味が含まれていることから、亡くなった血族が臨終の場に現れて、あの世に案内してくれるといったニュアンスがありますね。それがなにか？

「さっきも申したように、趣味ですが、私も怪談を集めるのが好きなんです。ある日、いままで集めた怪談をまとめていて気付いたんですが、臨死体験って突発的な事故にあった人が七割を占めていたんです。いままでの話はどうでしたか？」

高熱がでてとか、病気で手術中とか、事故以外の体験談もありますが……言われてみれば事故の話は多いですね。それと、その「お迎え」がどう関係あるんですか？

「ぼくがいいたいのは、事故の場合の『お迎え』って本当に『あの世にお連れする』という丁寧な意味の『お迎え』なんですかね？　妙に不気味に思えるんです」

ほう……例えば？

「知人の話なんですが、子どものとき川で遊んでて溺れたやつがいまして。

彼、自分が救出されて心臓マッサージを受けているのを川の向こう岸から見ていたって言うんです。振り返ると、うしろには真っ黒い影みたいな人たちが何人も立って、彼を見つめている。その影の人たちはみんな背が低くて、子どものようだった。目の前は川、そのむこうには心臓マッサージを受けている自分。うしろには突っ立っている黒い子どもたち。どうしようと困っていると風景が変わり、真っ白い道みたいなところになった。さっきうしろにいた人たちは消えてしまっていて。道を進んでいると自分の名前を呼ぶ声が聞こえてきて、どこから聞こえるんだろとキョロキョロしていたら、また風景が変わり、意識がもどって水を吐いていた」

　興味深い話ですね。それで？

「この黒い影みたいな子どもたちって、その彼の血族って感じしますか？」

　しませんね。むしろ悪いもののように思えます。

「そうなんですよ。事故で臨死体験の話を聞いたら、あの世？　それか、あの世までの道のりみたいな風景のようすがやたら気になって見落としがちなんです。よく考えるとその『お迎え』って本当に『お迎え』なんですかね？　という疑問です」

　なるほど、仰りたいことは理解しました。確かに概念としてあの世はあるかないかという好奇心が邪魔して、その「お迎え」の正体を見落としがちですよね。

　最近、聞いた中では栃木県の国道で事故にあった話があります。信号待ちをしていると、うしろからトラックに突っ込まれて。乗っていた車が前に飛ばされ他の車にぶつかり大破。運転手が内臓破裂の重傷を負い、臨死体験をしたそうです。気がつくと手術室に立っていて、左側は施術をしている医師たちと自分。右側には数体の黒い影。その影のほうからお経が聞こえてくる。ちょうど生と死の中間にいるような状態です。不思議に思う暇もなく風景が変わり、橋の上に天女のような女性が立っているのが見える。橋に向かおうとすると、足元に誰かがしがみついてきて、驚いていると意識がもどった――こんな話を聞きました。天女のような人が何者か見当もつきません。でも、あなたの見解でこの話を聞けば、足にしがみついたという誰かは、助けるためにしがみついているように思えますし、手術室にいた数体の黒い影はお迎えというより、あの世に引きずりこむ者たちに思えます。

「どちらだと思います？　その話の場合は？」

この話を聞かせてくださった方に栃木県の、どの道路での事故が尋ねたんです。あとでメールがあり「栃木県　軽トラ　4トン」で検索したらすぐにでてくると書かれてありました。検索すると確かにでてきたんですが、ひと月経たないうちに、その事故の記事、検索してもほとんど表示されなくなったんです。

「検索しても事故の記事がでなくなった？　どうしてですか？」

その道路、事故が多くて。新しい事故の記事にかき消されてしまったんです。

さっきの話で登場した手術室の影が「お迎え」か「引きずりこむ者」のどちらかは私にはわかりません。新しい記事は、事故を起こした車は「突然、コントロールを失ったように見えた」という目撃者の証言がいくつもありました。気味が悪いですよね。

「全員憑依」

「それにしても変わった仕事ですよね。困ることとかありますか？」

この仕事の困るところですか？

そうですね。どうしても、人の死に触れることが多いので、それが当たり前になってしまって……気をつけないと無神経なことを話したり書いてしまったりすることが多くなってしまう。それが困ることですかね。

「無神経……どういう意味でしょう？」

例えば地震や津波の被災で亡くなった人が現れる話を手に入れても、語っていいものか書いていいものかどうか、とりあえず一考しないといけません。亡くなった人がいる多くの場合、遺族の方々がいますから。事件や事故の話も同じですね。たいてい詳細を変えますね、書くときや語るときには。実話なんだから、改変せずにそのまま使うべきだ、みたいなアドバイスをしてくれる方もいますが、そのアドバイスをする人は責任のないところから言ってるだけだし、こちらは別にフィクションと思われてもぜんぜん構いません。ただですら、人を傷つけやすいジャンルなので無神経になるよりは嘘つき呼ばわりされたほうがいいですよね。

「なるほど、そういう意味ですか。コンプライアンスってことですね」

コンプライアンスというものは各々の個人の基準、もしくは社会でそれを唱える人が多い、という押しつけられた倫理観です。それは時代によって変化します。五年、十年前は問題なかったという単語や行動や表現が、現在では問題あることとして受け取られます。逆に許容されるようになったものも、たくさんあるはずです。ひとむかし前は個人のワガママとしか思われてなかったものが、いまは公の主張として成り立っていたり。群れをなす生物として、時代の流れによって自然に浮き上がってくるルールはコントロールができないことが多いので、仕方がない問題かもしれませんね。

社会にあわせようと思っているワケではありませんが、私もこの怪談を聞いて誰か傷ついたりしないか、少しは考えます。まあ、もちろん「苦手な方は最初から聞かなきゃいい」と言ったら……それまでなんですが。

「ある程度の配慮が必要ってことですか」

そうですね。もしくは覚悟かもしれません。これはもう不謹慎なものなんだ、という覚悟。不謹慎を前提で進めることができれば、割り切ることもできるでしょう。

無神経な人ほど、なんでもかんでも怨みにしたがる傾向があります。ちょっと自分になにかあったらこれはあいつの生霊だ、みたいな考えかたですね。誰かの亡くなった身内を怨霊に仕立て上げたり、喜々としてそれを語っていたりします。

でも、人のことは言えません。私も自身が怪談を語っている映像を見ると、嬉しそうな顔をしているときがありますもの。結局は私も、こうやって高説を垂れているつもりなだけで、配慮のない人間のひとりということを自覚しなければなりません。

「この先、怪談師や怪談が好きな人って、どう変化していくんでしょうかね?」

このジャンルが知れ渡れば知れ渡るほど、怪談好きな人たちは不謹慎、無神経になっていくかもしれません。でも霊に対する考えも広がるので、霊感に目覚める人も増えるでしょう。仏像を蹴り飛ばす動画が炎上しましたが、あれは前兆だと思います。怪談の特徴ですが、なにかにとり憑かれた本人は、とり憑かれていることを意識できない。面白いと思っていることが、残酷なものになっている。語り手も聞き手も、読み手も書き手も、全員が狂気に飲みこまれていくことでしょう。全員がなにかにとり憑かれた状態になっていくのです。もうそれは始まっているかもしれません。

「無神経で不謹慎な怪談が増えるんですね。ふふ、楽しみだなあ」

その証拠に先日、こんな会話を聞いた人がいました。


「最近、観てる動画？　なんだろ？　芸人のやつかな。あ、格闘技のやつも」

「格闘技のやつ、知ってるよ。むかしのテレビみたいで面白いよな」

「あとは、なんだろ。怪談かな」

「怪談？　怖い話か？　心霊スポットにいってみた、みたいなやつ？」

「違う違う、オレが好きなのは怖い話の体験談。超怖いんだよ」

「怖い話の体験談ってマジもの？　本当の話？」

「ホントの話、実話だよ。なんか怪談師っていう職業の人がいるんだよ」

「なんだその職業。聞いたことねえ。そんなんで喰っていけるのかよ」

「どうなんだろ。でも怪談師って、いっぱいいるんだよ。流行ってるんだよ」

「流行ってるの、それ？　ぜんぜん聞いたことねえな」

「観てみろって。絶対ハマるからさ。オレ毎晩、聴きながら寝たりしてるもん」

「聴きながら寝てるってヤバくないか？　てか寝れるって、怖くない証拠じゃん」

「怖いに決まってるだろ。しかも爆睡なんだよ、動画で怪談流しながら寝ると」

「爆睡ってどういうことだ。やっぱ怖くねえじゃん。例えばどんな話があるの？」

「心霊スポットいった帰りにね、車の天井に女の人が貼りついてたとか」

「どうやって貼りついてたんだ？　マグネットみたいにか？」

「知らねえけど、マグネットみたいに貼りついてたんじゃねえの、きっと」

「磁石か……信じられねえよ。ホントに実話か？　作り話じゃねえの？」

「いや、そうかもしれねえけど、面白いんだよ」

「ちょっとわからねえな、怖いのが面白いって。オレ、ホラー映画も苦手だし」

「いいから観ろって。もう楽しくて仕方ねんだよ。おかげで視えるようになったし」

「観ねえよ、そんな動画。おかげで視えるようになったってどういう意味なんだよ」

「オマエさ、むかし家が火事になったことがあるって、前に言ってたよな」

「子どものときな。全焼で大変だったんだぞ。火遊びなんかするんじゃなかった」

「確かライターで遊んでたんだよな。妹が死んだんじゃないのか？　うしろにいるぞ、真っ黒に焦げたオマエの妹がな」

あとがきコメント

「ありますね」本人が気づいていないケース。

「映っているのでは」鏡なら確認できるという話も多々あり。

「是非どうぞ」偶然にしても程があります。要お祓い。

「白装束です」最近若い子知りませんよね。まあ知らなくていいか。

「みぎ、みぎ」方向を指し示すひと言って怖いですよねw
「カミナリ怖いの」わかりやすくしました。サンダー。

「心霊写真を見る」この人、淡々と話すから面白かったです。

「心霊写真が届く」旦那に鼻で笑ってもらうため二者にわけましたw
「ファザコンの由来」ソウルメイト的なものですよね、素敵。

「とりあえず事情を」この人、トラブルメーカー。なんかわかる。

「最期のお別れ」悪友の顔が浮かぶそうですが、嫁夫婦も視たことがあるそうな。

「ゴーゴーゴースト」お蔵入りにしたそうです。顔が怖いせいで。

「かくれんぼ延長戦」理由がわからないと言っていましたが、よく聞けば親せきだそうな。

「切ないシャンパン」これきっかけで両親と和解したそうです。良かったね。

「池袋のワンルーム」池袋もこういう話が多いですね。なぜでしょうか。

「Yちゃんヤバし」店長から聞いた話です。当然、血が凄かったそうです。

「泣いてる子の夢」瞬きができるタイプの人形だったみたいですよ。動かせば。

「限界チャレンジ」最近、深夜閉めてる店も多い理由がここにありますね。

「ばたん、ぼい、あがが」実はもっと長い。テープの片面が六十分だったんです。

「厭な反応」この会社、他にもいろいろあるようです。

「好みなタイプのほうへ」話しかけてるのは私の友人。私も横にいましたw
「ずっとある人形」なぜか捨てることができない様子。そこが怖いですね。

「ご飯だけのご飯」明るい方でした。てか、現在も友だち。

「ネタ集めの人」反対側にいたのは私。殴ってはいません。と書いておきます。

「痛かったから仕返し」乱暴。痛いからやめてください。受けとめてしまいましたけど。

「悪しき時代の悪しき人」目が違うのですぐにわかりますけどね、悪しき人。

「二十二日に事故」体形が違うので絶対にBさんではなかったそうです。

「不安がベース」自分だけ視えない寂しさがそこにはありますね。

「なわとびの少女」これは私の、ただの予想なんですが、

「少女は笑っていた」その血族の家に毬が届いて、

「少女と麻紐の毬」家の人が亡くなるんでしょ？　それなら、

「まとめと中止」多分、毬をほどいた麻の紐の使いかたは……。

「塊魂爆誕」我ながら抜群のセンスですね。

「朝はバタバタ」この母子家庭、ある日ふたり同時に気づいたそうですw
「仕事部屋のひとり言」実はある事件があったライブハウス（クラブ）です。

「呪いの眼鏡」面白いですよね、子ども時代の近所の話って。

「ねこかいわ」わかりやすくしました。本当は、さかや、さかなや。

「迫りくる凶兆」こちらの話はいくつもの現象が確認できて面白いですね。近年、

「人助けしたい気持ち」ひとり暮らしのお年寄りが壊れたドアノブのせいでトイレに、

「死を待つだけの部屋」閉じこめられ亡くなることがあります。注意喚起を。

「カヌーの旅」人形島ではないですが近いです。海外の方から聞きました。

「ママーズ」実際はもうひとり笑ってるだけの声も。ひとり三役。

「陽あたり不良好」このマンションの話、三つあるんですけどヤバくないですか？

「陽あたり良好」その後、彼氏も老婆を目撃、五秒で引っ越したそうです。

「チャットGPTに相談」若くとも神主ならしっかりした方がいいと思う。

「高所落下注意」これって『転校生』的な要素もありますよね。

「純粋な部下ですね」青山には彼女のお墓があるのです。

「惨劇の子」売れるまで間にあわず、ずっと応援してくれていた母のための時間です。

「怖い塔館がある」いろいろな意味で怖い建物。お調べください。赤○にあります。

「窓から覗くから」変えました。実際は『窓から手を振るから』です。

「プロパガンダかステマ」帰り道、警察に声をかけられ正直に話してめちゃ怒られたのも霊障。

「壊れゆく家庭と個」この人、連絡つかなくなりました。怖い。

「世界のしくみ」本人の言った通り、その日のうちに。

「場違いな証拠」行方不明事件は怖いです。想像を絶するものがあります。

「お迎えの正体」お迎え=引きずりこむが同義とは。厭な話です。

「全員憑依」あなたもその時になると、にっこり笑ってますよ。


配信や怪談会、取材に応じてくださった皆さま。本当にありがとうございました。

糸柳寿昭

★読者アンケートのお願い

本書のご感想をお寄せください。アンケートをお寄せいただきました方から抽選で10名様に図書カードを差し上げます。
（締切：2023年6月30日まで）

応募フォームはこちら

怪談聖　おどろかいわ

2023年6月5日　初版第1刷発行

著者……………………………………………………………… 糸柳寿昭
デザイン・DTP ……………………………………… 荻窪裕司（design clopper）

発行人…………………………………………………………… 後藤明信
発行所…………………………………………………… 株式会社 竹書房
〒102-0075　東京都千代田区三番町８－１　三番町東急ビル６F
email：info@takeshobo.co.jp
http：//www.takeshobo.co.jp
印刷所…………………………………………… 中央精版印刷株式会社